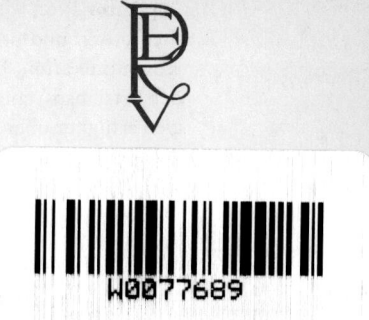

Der Autor Prof. Klaus Birker, Diplomkaufmann, beschäftigt sich theoretisch und praktisch mit den verschiedensten Aspekten der Kommunikation, Personal- und Organisationsentwicklung sowie der Betriebspsychologie. Auf der Basis humanistischer Psychologie verfügt er über Erfahrungen in Themenzentrierter Interaktion (TZI), Transaktionsanalyse (TA), Gestalttherapie und NLP. Sein besonderes Anliegen ist es, dem einzelnen Wege aufzuzeigen, die persönlichen Fähigkeiten und Ressourcen zu erschließen und konstruktiv zu handeln. Nach über zwanzig Jahren leitender Tätigkeit in der Wirtschaft lehrt er heute als Professor für Betriebswirtschaft und Führungslehre an der Fachhochschule Rheinland-Pfalz. Seit 1987 ist er zusammen mit seiner Frau Gabriele im «ABV-Institut für angewandte Betriebsorganisation und Verhaltenspsychologie» als Berater, Trainer und Coach tätig.

Die Co-Autorin Gabriele Birker, Pädagogin mit langjähriger Schulerfahrung, leitet seit zwanzig Jahren – ebenfalls nach Ausbildungen in TA, TZI, GRID-Management, Gestalttherapie und NLP – das ABV-Institut und beschäftigt sich besonders mit Themen wie Persönlichkeits- und Teamentwicklung, Lebensplanung, Kommunikation sowie Streßbewältigung. Darüber hinaus ist sie seit Jahren als Beraterin und Coach für Unternehmen tätig und hat zahlreiche Seminare geleitet.

Bisher sind im Rowohlt Taschenbuch Verlag folgende Titel in der Serie «NLP – Das Psycho-Power-Programm» erschienen: «Gut drauf sein, wenn's schiefgeht» (19604), «Prüfungsstreß ade» (19669), «Kompetent verhandeln» (19773), «Schüchternheit überwinden» (19774), «Souverän mit Kunden umgehen» (19796), «Mut zur Entscheidung» (19957) und «Den Job will ich haben» (19986), alle von Barbara Schott und Klaus Birker. Daneben erschienen von Cora Besser-Siegmund «Das Rauchen aufgeben» (19956), «Frei von Eifersucht» (19985), «Entdecken Sie Ihre Kreativität» (60217) und «Optimist werden, Optimist bleiben» (60351) sowie von Susanne Motamedi und Frank Strikker «Sicher auftreten, überzeugend vortragen. Das NLP-Rhetorik-Training» (60350).

Gabriele und Klaus Birker

Was ist NLP?

**Grundlagen und Begriffe des
Neuro-Linguistischen Programmierens**

Rowohlt

3. Auflage September 2000

Originalausgabe
Veröffentlicht im Rowohlt Taschenbuch Verlag
GmbH, Reinbek bei Hamburg, Februar 1997
Copyright © 1997 by Rowohlt Taschenbuch
Verlag GmbH, Reinbek bei Hamburg
Redaktion Rosemarie Schwarz
Grafik Walter Werner
Umschlaggestaltung Susanne Heeder
(Foto: Tony Stone Images / Stewart Cohen)
Satz Sabon PostScript Linotype Library,
QuarkXPress 3.32
Gesamtherstellung Clausen & Bosse, Leck
Printed in Germany
ISBN 3 499 60199 0

Inhalt

Einleitung

Das Neuro-Linguistische Programmieren (kurz NLP) hat seit seiner Entwicklung beachtliche Aufmerksamkeit auf sich gezogen, nicht nur bei Trainern und in Fachkreisen. NLP wird mittlerweile in einer Fülle von Anwendungsgebieten eingesetzt – längst nicht mehr nur in der Psychotherapie und Beratung, sondern nahezu überall dort, wo Kommunikation wichtig ist und effizienter gestaltet werden soll. Zu den Anwendern zählen neben Therapeuten, Trainern und Beratern auch Pädagogen, Journalisten, Künstler, Anwälte, Ärzte, Zahnärzte und andere in Heilberufen Tätige, Führungskräfte, Manager und Verkäufer. Sie alle nutzen den «umfangreichen Werkzeugkoffer» des NLP, um in ihrem Fachgebiet erfolgreicher zu sein, um Menschen zu verstehen, auf sie einzugehen, sie zu motivieren und um selbst verstanden zu werden. Deshalb gibt es bei vielen ein Interesse, hinter das «Geheimnis» des NLP zu kommen. Das vorliegende Buch liefert Ihnen den Schlüssel, um erste Türen zu öffnen.

Viele sind schon nach einem flüchtigen Kennenlernen von NLP fasziniert und wollen mehr darüber erfahren. Für sie ist dieses Buch eine fundierte Einführung. Andere stehen dem NLP und seinen schnellen Erfolgen bisher eher kritisch oder gar ablehnend gegenüber – ihnen bietet sich die Gelegenheit, ihre bisherigen Einschätzungen durch genauere Informationen zu überprüfen. Für diejenigen, die bereits eigene Erfahrungen mit NLP gemacht haben – z. B. durch die Lektüre der verschiedenen Bände des ebenfalls im Rowohlt Verlag erschienenen «Psycho-Power-Programms» –, werden hier die wichtigsten Begriffe des NLP im Zusammenhang erklärt. Dieses Buch ist sowohl eine Einführung, es liefert Grundlagen, als auch ein Nachschlagewerk, es erklärt Begriffe. Es liefert Ihnen komprimiert alle wichtigen Informationen zur Beantwortung der Frage: Was ist NLP, und wie funktioniert diese neue Methode?

Kurz gesagt ist NLP eine auf kontrollierbare Erfolge und rasche Verhaltensänderungen abzielende Methode, die sowohl in der psychologischen Beratung als auch in allen anderen Bereichen, in denen eine effiziente, konstruktive Kommunikation angestrebt wird, angewendet werden kann. Diese Methode zeigt Ihnen Mittel und Wege, wie Sie Ihren persönlichen Zielen näherkommen, belastende Probleme verändern und im Umgang mit anderen erfolgreicher sein können. Dabei hat das NLP – wie viele Schulen – eine spezielle Terminologie, eine eigene Sprache, entwickelt. Ursprünglich in den USA entstanden, erschließen sich die NLP-Begriffe – die auch im deutschsprachigen Raum meist in der Originalsprache gebraucht werden – oftmals nicht auf den ersten Blick. Vielfach geben reine Übersetzungen die Bedeutung der Ausdrücke nur eingeschränkt wieder. Wörter wie «Pacing», «Leading» und «Rapport», «Moment of Excellence» oder vieles andere mehr müssen erläutert werden, um ihre Bedeutung und ihren

Sinnzusammenhang mit anderen Begriffen voll auszuschöpfen.

Dieses Buch verfolgt also mehrere Ziele:

■ Erstens bietet es wie ein Handbuch eine logisch aufgebaute Einführung in die Grundlagen des NLP: Die jeweiligen Begriffe werden in ihrem systematischen Zusammenhang behandelt.

■ Zweitens sind alle genannten Begriffe wie in einem Lexikon auch einzeln auffindbar: Über das Register erreichen Sie sofort die Stellen, an denen die Begriffe und ihre Bedeutung im Rahmen des NLP erklärt werden.

■ Schließlich trägt die Darstellungsweise dem unterschiedlichen Kenntnisstand der Leser Rechnung, indem sie verständlich bleibt für «NLP-Anfänger» und zugleich auch die Ansprüche der «Fortgeschrittenen» berücksichtigt. Damit entspricht sie selbst einem NLP-Grundsatz: so einfach wie möglich, so komplex wie nötig!

Wie ist dieses Buch aufgebaut?

■ Jedes Kapitel stellt jeweils einen Themenkomplex in seinem inhaltlichen Zusammenhang vor. Nach einer kurzen Einleitung werden die dazugehörigen Begriffe in systematischer Reihenfolge erläutert. So ergibt sich jeweils eine geschlossene Darstellung für jeden NLP-

Ausdruck. Innerhalb der Kapitel sind die Begriffe nicht alphabetisch, sondern nach ihrem sachlichen Bezug geordnet.

▪ Zum schnellen Auffinden einzelner Begriffe finden Sie am Ende des Buches ab S. 173 ein alphabetisches Register, das erste Kurz-Informationen bereithält und auf die ausführliche Erläuterung im Haupttext verweist. Damit können Sie dieses Buch nicht nur als Einführung, sondern auch als Nachschlagewerk nutzen.

▪ Im laufenden Text finden Sie als zusätzlichen Hinweis kleine Pfeile (→): Die so markierten Begriffe werden an anderer Stelle ausführlich erläutert, so daß Wiederholungen in den Erläuterungen auf ein Minimum reduziert werden konnten. Bei der Suche nach diesen Querverweisen bietet Ihnen das Register schnelle Hilfe.

2

Entstehung und Geschichte des NLP

Anfang der 70er Jahre starteten John Grinder, ein junger Professor für Linguistik, und Richard Bandler, Informatik-Student, der zugleich als Gestalt-Therapeut tätig war, ein gemeinsames wissenschaftliches Projekt: Sie wollten herausfinden, warum es manchen Personen besser als anderen gelingt, auch in schwierigen Situationen Vertrauen und Kontakt zu anderen Menschen aufzubauen, sie zu verstehen und selbst verstanden zu werden. Grinder brachte aus seinen Forschungsarbeiten die Fähigkeit mit, komplexe Muster im Sprachverhalten von Menschen zu erkennen; Bandler konnte sein intuitives und effektives Verhalten aus seiner Arbeit als Gestalt-Therapeut einbringen. Bandler war mit der Methodik der therapeutischen Arbeit vertraut; Grinder war darin geübt, die dabei verwandte Sprache zu analysieren, also die Beziehung zwischen den Beteiligten anhand ihrer Kommunikation zu erkennen. Im ersten Schritt lernten zunächst beide voneinander. Mit dieser Vorgehensweise entwickelten sie zugleich die Grundlagen für das im NLP später so entscheidende Konzept des → Modeling, d. h. das Bilden und Nutzen von Modellen zum Erlernen von Verhaltensweisen. Durch Beobachtungen und Rückprüfungen wurde ein Modell geschaffen und zugleich an diesem Modell das Verhalten selbst erlernt und eingeübt. Im nächsten Schritt ging es dann darum, das Modell so auszugestalten, daß auch Dritte, die nicht wie Grinder und Bandler an der Modellbildung teilgenommen hatten, anhand dieses Modells die entsprechenden Fähigkeiten erwerben konnten – ohne unmittelbaren Kontakt zum Original aufnehmen zu müssen.

Dann wandten sich beide ihrem eigentlichen Projekt zu, der Erforschung erfolgreichen Kommunikationsverhaltens. Als Vorbilder dienten ihnen dabei so anerkannte und berühmte Personen wie die Familientherapeutin Virginia Satir, der Hypnose-Therapeut Milton Erickson und der Begründer der Gestalt-Therapie, Fritz Pearls. Grinder und Bandler interessierten sich besonders dafür, was diese exzellenten Kommunikatoren so erfolgreich machte.

Bei der Analyse von Gesprächsaufzeichnungen und Video-Bändern erkannten sie, daß für die gute Beziehung zum Gesprächspartner das Eingehen auf den anderen entscheidender war als die Sachaussagen. Die erfolgreichen Therapeuten paßten sich mit ihrem eigenen Sprachverhalten dem der Klienten an. Sie übernahmen deren Ausdrucksweise, Wortwahl und Sprachmuster, statt – wie viele Fachleute – zu erwarten, daß die anderen sich auf ihre sachlich kompetentere Kommunikation einstellen würden. Auch in Gestik, Mimik und Körperhaltung gingen die begabten Kommunikatoren auf ihre Gesprächspartner ein. Oft geschah das unbewußt – erst die Entwicklung des NLP machte die Struktur und die Muster dieses Vorgehens deutlich, so daß es in der Folge auch von anderen erkannt und erlernt werden konnte. Weil die Übereinstimmung in Sachthemen nicht ausschlaggebend für eine gelungene Verständigung war, war es möglich, die im NLP entwickelten Techniken und den Prozeß steuernden Gesprächsbeiträge (Interventionsmuster) auch in andere Fach- und Sachbezüge, also Anwendungsgebiete, zu übernehmen.

Somit ist eine Methodik entstanden, die es ermöglicht, Abläufe einer wirkungsvollen Kommunikation – im Zusammenspiel zwischen den Gesprächspartnern und unter Berücksichtigung der jeweiligen Situation – zu erkennen und in Modelle zu übertragen, so daß dieses Verhalten auch von anderen erlernt werden kann.  Dieses Konzept nannten die beiden Begründer Neuro-Linguistisches Programmieren, kurz NLP. Mit dieser Bezeichnung werden zugleich wesentliche Aspekte der Methodik ausgedrückt:

Der Begriff *Neuro* verweist auf die besondere Verbindung zu unseren Sinnen (also sehen, hören, fühlen, riechen und schmecken) und ebenso darauf, daß die wahrgenommenen Signale in unserem Gehirn aufgenommen und gespeichert werden und entsprechend der internalen Organisation wieder abrufbar sind. Sie formen unser Verhalten und unser Weltbild.

Das Wort *Linguistik* verweist auf die Bedeutung der Sprache, die die Art unseres Denkens widerspiegelt und somit ein Schlüssel zu unseren inneren Vorgängen ist.

Das *Programmieren* verweist sowohl auf die Verbindung zur Informatik (so wie auch einige Begriffe innerhalb des NLP) als auch darauf, daß unser Verhalten durch Programme gesteuert wird. Die Analogie zur Informationsverarbeitung erlaubt die Zuversicht, daß einmal installierte Programme auch geändert oder ergänzt, also umprogrammiert werden können. Was wir einmal gelernt haben, können wir durch ständiges Weiterlernen ergänzen, verändern und vervollkommnen.

Ursprünglich entstammt NLP dem psychotherapeutischen Bereich. Nach wie vor wird es intensiv in den verschiedenen Bereichen der Therapie und Familienberatung eingesetzt. Zusätzlich findet NLP heute jedoch auch Anwendung in einer Fülle von anderen, teilweise sehr unterschiedlichen Bereichen der Kommunikation, der Konfliktbearbeitung, der Beratung, der Organisationsentwicklung, des Verkaufs etc. Dieser Ausdehnung des Anwendungsbereichs kommt die Methodik des NLP entgegen, die es erlaubt, die Strukturen und Verhaltensmuster mit unterschiedlichen Inhalten zu füllen. Auch auf einem Computer können mit dem gleichen Schreibsystem Gedichte und Romane verfaßt werden, ebenso wie Verträge, Mahnungen und vieles mehr.

Interessant sind parallele Tendenzen in der Organisationslehre. Auch dort gewinnt die Kenntnis von Strukturen und Prozeßabläufen Vorrang. Neben dem Fachwissen hat hier die Kenntnis der Methoden entscheidende Bedeutung erlangt. Hinzu kommt die Sozialkompetenz, also die Fähigkeit, sich auf andere einzustellen und auf sie eingehen zu können. Die Integration dieser Qualifikationen zu einem kompetenten Verhalten, z. B. von Führungskräften, erfolgt durch die Entwicklung zur Persönlichkeit – durch persönliche Integrität, Reflexion statt Reaktion (auch in kritischen Situationen) und bewußte Selbstführung. Diese Eigenschaften helfen auch dem NLP-Anwender. Bereits die Beschäftigung mit NLP und das Verstehen der zugrundeliegenden Zusammenhänge unterstützen die eigene Persönlichkeitsentwicklung.

Seit seiner Entstehung in den 70er Jahren wurde NLP nicht nur durch seine Gründer weiterentwickelt, sondern auch von vielen anderen Anwendern. Sie erschlossen neue Bereiche, setzten zusätzliche Akzente und entwickelten weitere Techniken. Dadurch ist NLP umfangreicher geworden. Deshalb muß sich eine Gesamtdarstellung zwangsläufig auf Wesentliches konzentrieren und kann weniger auf spezielle Entwicklungen eingehen. Oft verführt die Wertneutralität des NLP dazu, die Beschäftigung mit den Grundannahmen zu vernachlässigen; sie gehört jedoch zu einer überzeugenden NLP-Anwendung. Ohne dieses Verständnis würde diese Gefahr laufen, zur reinen Technik zu erstarren. Einige NLP-Methoden verlangen nach einer sehr präzisen Anwendung. Doch durch den respektvollen Umgang mit dem anderen und die Besinnung auf die grundsätzlichen Zusammenhänge werden auch in schwierigen Situationen zusätzliche, aber integrationsfähige und sinnvolle Verhaltensweisen entwickelt werden können.

3

Die Grundannahmen

Die Grundannahmen des NLP bilden die Basis, auf der die weiteren Schritte aufbauen, von der die verschiedenen NLP-Techniken abgeleitet werden und durch die sie ihren Sinnzusammenhang erhalten. Für den NLP-Anwender sind sie zugleich eine Orientierung in der Praxis.

Gelegentlich wird in diesem Zusammenhang auch von Glaubenssätzen gesprochen, was jedoch leicht mißverstanden und bei Widerspruch zu «Glaubenskriegen» führen kann. Es geht nicht darum, dem Anwender ein bestimmtes Weltbild aufzuzwingen, sondern ein System von Annahmen zu entwickeln, das sich in der Praxis als hilfreich erwiesen hat, in sich widerspruchsfrei und hinreichend konkret ist, um daraus weitere Schlüsse ableiten zu können. Wer nicht in allen einzelnen Punkten von den nachfolgenden Aussagen überzeugt ist, kann sich bereits eine methodische Hilfe des NLP zunutze machen – und zwar so zu tun, «als ob» die Annahmen wahr wären. Die → Als-ob-Methode erleichtert es, neue Verhaltensweisen auszuprobieren oder – wie hier – Thesen zunächst im Zusammenhang kennenzulernen – in dem Bewußtsein, sich damit noch nicht zugleich festgelegt zu haben, ob man sie sich zu eigen machen will oder nicht. Das erlaubt zunächst eine vorbehaltlose, respektvolle und tolerante Aufnahme, die es möglich macht, trotz eventueller Vorbehalte zumindest den Aussagegehalt dieser Grundannahmen zu verstehen und zu akzeptieren.

Bei den Grundannahmen handelt es sich gleichsam um Axiome, Sätze, die wie in der Mathematik ohne Beweis als gültig angenommen werden, um ein System zu beschreiben. Die Grundannahmen des NLP gehen von einem humanistischen und Entwicklungsmöglichkeiten bejahenden Menschenbild aus.

Sie lassen sich in den folgenden 16 Kernsätzen zusammenfassen:

1. Der ganzheitliche Ansatz bezieht alle Persönlichkeitsaspekte ein.

2. Körper, Geist und Seele beeinflussen sich wechselseitig.

3. Bewußtsein und Unbewußtes spielen zusammen.

4. Das Bewußtsein ist in seiner Kapazität begrenzt.

5. Das Unbewußte umfaßt alles, was generell oder auch nur aktuell nicht bewußt ist.

6. Wir reagieren auf eine subjektive Wirklichkeit.

7. Wir lernen am Modell.

8. Flexibilität schafft Wahlfreiheit.

9. Widerstand erfordert unsere Flexibilität.

10. In der Kommunikation zählt nicht die Absicht, sondern nur das, was beim Empfänger ausgelöst wird.

11. Jede Reaktion kann als Feedback genutzt werden.

12. Hinter jedem Verhalten steckt eine positive Absicht.

13. Jedes Verhalten ist zumindest bei einer Gelegenheit nützlich.

14. Wir wählen stets die beste Möglichkeit, die uns im Moment verfügbar ist.

15. Eine Veränderung ist nur gut, wenn sie dem komplexen Gleichgewicht eines Menschen als ganzheitlichem System gerecht wird.

16. So einfach wie möglich, so komplex wie nötig.

In den nachfolgenden Abschnitten dieses Kapitels wird die Bedeutung der einzelnen Axiome dargestellt und kurz erläutert. Dabei wird in der NLP-Literatur kein einheitliches Gliederungsschema verwendet. Dennoch herrscht Übereinstimmung in der inhaltlichen Ausrichtung.

1. Der ganzheitliche Ansatz bezieht alle Persönlichkeitsaspekte ein

Wenn ein neues Verhalten eingeübt oder eine Hemmung überwunden werden soll, so erfolgt oft eine Konzentration auf das spezielle Anliegen. Der ganzheitliche Ansatz will ergänzend darauf hinweisen, daß auch Nebenwirkungen zu beachten sind, also die einzelnen Aspekte Teil einer Gesamtpersönlichkeit sind. Wenn jemand beispielsweise spontaner werden möchte und entsprechend trainiert, kann es u. U. sein, daß er sich durch sein bisheriges Verhalten unbewußt zusätzliche Zeit zum Überlegen verschafft hat. Möglicherweise ist dies für ihn wichtiger. Einzelthemen sollten also auch im Gesamtzusammenhang beurteilt werden, um sie erfolgreicher anzupassen und zu integrieren. Auch wenn in der konkreten Anwendung oftmals einzelne Verhaltensweisen oder

Fähigkeiten im Vordergrund stehen, bleibt so die Akzeptanz der Gesamtpersönlichkeit gewahrt. Dies erfordert auch einen respektvollen Umgang mit den anderen.

2. Körper, Geist und Seele beeinflussen sich wechselseitig

Körper, Geist und Seele sind Teile eines ganzheitlichen Systems. Oft wird auch lediglich von dem Begriffspaar «Geist und Körper» gesprochen. Die Annahme einer korrespondierenden Wirkung besagt, daß der mentale Zustand eine entsprechende körperliche Verfassung auslöst und umgekehrt. Die innere Befindlichkeit und die beobachtbare Physiologie eines Menschen werden also als zwei Ausdrucksformen der gleichen Lage aufgefaßt. Hierauf beruht auch die große Bedeutung sorgfältiger → Wahrnehmung. Denn die Beachtung der Physiologie und anderer körperlicher Signale erlaubt Rückschlüsse auf den inneren Zustand einer Person. Manchmal ist der Ausdruck so augenfällig, daß auch ein Ungeübter die Verfassung des Betreffenden erkennt, so z. B. bei Zuversicht oder Niedergeschlagenheit.

Die Kenntnis dieser Wechselwirkung kann zudem konstruktiv eingesetzt werden. Sorgen wir beispielsweise für ein körperlich besseres Wohlbefinden, so beeinflußt dies auch unsere mentale Befindlichkeit positiv. Die umgekehrte Einwirkungsmöglichkeit ist uns aus dem Sport bekannt, wenn durch mentale Einstellung auch die körperliche Leistungsfähigkeit gesteigert wird.

3. Bewußtsein und Unbewußtes spielen zusammen

Wahrscheinlich ist es uns allen schon einmal passiert, daß wir einen Schlüssel oder ein Buch verlegt hatten oder uns ein Name oder ein Begriff nicht einfallen wollte. Je mehr wir uns dann anstrengen und nachdenken, um so weniger will es uns gelingen. Und dann erinnern wir uns plötzlich und gehen wie zufällig an den Ort, wo sich der gesuchte Gegenstand befindet. Wir haben also ein Wissen, das uns nicht immer ohne weiteres zur Verfügung steht. Anders ausgedrückt, wir haben ein bewußtes und ein unbewußtes Wissen.

Über die Trennung bzw. das Zusammenspiel von → Bewußtsein (auch Bewußtem) und → Unbewußtem (oder auch Unterbewußtsein) sind vielfältige Erklärungsmodelle entwickelt worden. NLP geht von einem pragmatischen Ansatz aus, d. h., es geht zunächst nur darum, das, was wir im Moment bewußt wahrnehmen, vom unbewußt ablaufenden Prozeß zu unterscheiden. NLP will nicht mehr erklären, als erforderlich ist, um beobachtbare Phänomene zu verstehen und Möglichkeiten bei der Veränderungs-Arbeit zu erkennen.

4. Das Bewußtsein ist in seiner Kapazität begrenzt

Alles, was der Mensch im Moment wahrnimmt und beschreiben kann, gilt als bewußt. Alles, was sich außerhalb des Bewußtseins befindet, wird dem Unbewußten zugeordnet. Dabei können die Grenzen ständig wechseln: was uns gerade noch bewußt war, «entfällt» uns ins Unbewußte oder wird umgekehrt bewußt. Mög-

licherweise haben Sie im Moment nicht darüber nach-
gedacht, wie sich Ihre Nackenmuskulatur anfühlt.
Durch ihre Erwähnung wird Ihnen jetzt möglicherweise
bewußt, daß Sie etwas verspannt sind oder die Schulter
locker ist etc. Vielfach wird uns etwas erst dadurch bewußt, daß wir unsere Aufmerksamkeit darauf richten.
Dann können wir auch bewußt damit umgehen. Das
Bewußtsein konstruktiv zu fokussieren ist also eine
entscheidende Möglichkeit, Situationen bewußt zu gestalten. Zugleich wird dabei die begrenzte Kapazität
des menschlichen Bewußtseins akzeptiert.

Als Vergleich für diese Funktionsweise unseres Ge-
hirns könnten wir uns einen Computer vorstellen. Auch
hier sind nicht alle Informationen jederzeit im Arbeits-
speicher verfügbar, sondern in den verschiedensten Dateien abgespeichert. Durch sinnvolle Befehle können
wir jeweils die Informationen, die wir benötigen, aufrufen und uns verfügbar machen – sie ins Bewußtsein
holen. Die «richtigen» Informationen zu aktivieren ist
für die korrekte Aufgabenerledigung am Computer erforderlich. Der sinnvolle Umgang mit unseren Ressourcen im Denken ist damit vergleichbar, und NLP stellt
die entsprechenden Anleitungen zur Verfügung.

Unser Gehirn ist mit einem Computer vergleichbar

Das Bild des Computers ist natürlich nur ein Vergleich, damit das, was über das menschliche Bewußtsein gesagt wird, verständlicher wird. Das NLP arbeitet
viel mit solchen Vergleichen (→ Metapher), um Vor-
gänge anschaulicher zu machen. Durch Unterschiede
werden zusätzliche Assoziationen und Erkenntnisse
möglich, die dann wieder auf das ursprüngliche Thema
übertragen werden können.

Programme, Verhaltensweisen und Handlungen, die oft unbewußt – also außerhalb unserer bewußten Steuerung – ablaufen, können wir analysieren und ggf. verändern, wenn wir sie uns bewußt machen. Dies ist dann sinnvoll, wenn wir mit dem Ergebnis unseres Verhaltens oder in der entsprechenden Situation unzufrieden sind. Das ist z. B. dann der Fall, wenn sich Rahmenbedingungen und Umfeld verändert haben. Auch dies ist ein wesentlicher Anwendungsbereich im NLP.

5. Das Unbewußte umfaßt alles, was generell oder auch nur aktuell nicht bewußt ist.

Das, was uns nicht oder im Moment nicht bewußt ist, wird als «Unbewußtes» bezeichnet. Bildlich ausgedrückt liegt es im Dunkeln, solange es nicht vom Licht unseres Bewußtseins erfaßt wird.

Eine Reihe von Fertigkeiten haben wir zunächst bewußt gelernt, um sie dann vielfach unbewußt auszuführen; wir können etwas «wie im Schlaf» bzw. mit «traumwandlerischer» Sicherheit. Beim Erlernen von Rad- oder Autofahren mußten wir z. B. zunächst an viele Kleinigkeiten denken, die wir dann später automatisch – unbewußt – erledigen. Unser Bewußtsein kann sich dann viel mehr auf die allgemeine Verkehrssituation etc. konzentrieren und wird nicht durch die Beachtung vieler Details in Anspruch genommen. Hier entlastet das Unbewußte unser Bewußtsein. Wechseln wir jedoch beispielsweise von einem Wagen mit Automatik auf einen mit Getriebeschaltung, so müssen wir uns diesen Unterschied bewußt machen und umdenken. An vieles, das wir in dieser Weise gelernt haben, können wir uns heute gar nicht mehr erinnern und wissen nicht ohne weiteres, wann wir umdenken müssen.

Unser Unbewußtes erfüllt auch eine Vielzahl von Funktionen, die wir niemals bewußt gelernt haben. Häufig sind es elementare und für die Sicherung unserer Existenz notwendige Aufgaben. Das sind z. B. lebenswichtige Funktionen wie Atmung, Verdauung, Herzschlag etc., auf die wir keinen oder nur einen sehr begrenzten Einfluß haben und für deren Erledigung unser Unbewußtes sorgt, unabhängig davon, ob wir selbst bewußt daran denken. Manchmal erinnert es uns daran, z. B. durch Hungergefühl oder Schlafbedürfnis.

Das Unbewußte organisiert lebenswichtige Funktionen

Wir können also unser Unbewußtes einteilen in einen Bereich, den wir durch unser Bewußtsein erfassen können (auch wenn er uns nicht immer bewußt ist), und in einen Bereich, der sich unserer bewußten Einflußnahme entzieht, also unbewußt bleibt, auch wenn er unser Verhalten wesentlich beeinflußt. In vielen Fällen ist es sinnvoll, daß das Unbewußte seine Aufgaben ohne bewußte Einwirkung erfüllt. NLP beschreibt diese Funktion zur Wahrung der Unabhängigkeit mit der Metapher des «Zensors», der grundsätzlich zum Wohle und zur Sicherheit des Menschen als Ganzes beitragen will. Im NLP wird dieser Bereich also nicht, wie bei Freud, als das Ergebnis der Verdrängungsarbeit des Bewußtseins aufgefaßt, sondern als etwas Eigenständiges und Schöpferisches. Bereits C. G. Jung hat das Unbewußte nicht als triebhaft, sondern als bildhaft bezeichnet, als die Heimat der schöpferischen Phantasie des Geistes und des von der Ratio nicht zu erschütternden Wertgefühls. Bei NLP ist der Zensor der Wächter der persönlichen Ökologie. Für die praktische NLP-Arbeit bedeutet dies, daß bei bewußten Verhaltensänderungen eine Abstimmung mit dem Unbewußten sinnvoll oder sogar notwendig ist (Öko-Check). So kann überprüft werden, ob das, was wir bewußt wollen, für uns auch unter Berücksichtigung unbekannter Nebenwirkungen angemessen ist. Erst, wenn der Zensor davon überzeugt ist, wird er zur Kooperation bereit sein und das neue Vorhaben nicht aus dem Unbewußten heraus sabotieren.

Als Metapher zum Verständnis des für das Bewußtsein zugänglichen oder unzugänglichen Bereichs des Unbewußten kann wieder der Computer dienen. Zugängliche Teile, entsprechende Dateien, können wir aufrufen, aktivieren sowie ggf. verändern und in ihren Werten aktualisieren. Im Gegensatz zu den Dateien und Anwendungsprogrammen bleibt der gesamte Komplex der Betriebssysteme für den Benutzer unzugänglich, da ein Eingriff hier die ganze Funktionsfähigkeit des Systems gefährden oder gar zerstören könnte. Eine weniger technische Veranschaulichung hält das Bild eines großen, dunklen Hauses oder Schlosses bereit, das wir mit der Taschenlampe – unserem Bewußtsein – erforschen, wobei wir jedoch auf eine Fülle von Geheimgängen und verschlossenen Türen stoßen, die zum Großteil für immer versperrt bleiben bzw. nur dann geöffnet werden, wenn wir das entsprechende Vertrauen des Wächters, des Zensors, erwerben.

Als Grundannahmen für den Umgang mit dem Unbewußten im NLP gelten:

■ **Das Unbewußte existiert.**
Jeder Mensch hat neben dem Bewußtsein einen weiteren wesentlichen Bereich seiner Psyche, den wir Unbewußtes nennen. Wir können seine Existenz z. B. in Träumen, Meditationen oder Hypnose erahnen und manchmal sogar den Kontakt spüren.

■ **Das Unbewußte hat große Macht.**
Die unbewußten Kräfte sind zumeist mächtiger als das Bewußtsein. Dies wird deutlich, wenn das Unbewußte Handlungen des Bewußtseins, die es für nicht sinnvoll hält, durchkreuzt, z. B. durch Phobien, körperliche Krankheitssymptome etc. So kann uns beispielsweise eine unerklärliche Angst daran hindern, etwas zu tun, was wir verstandesmäßig gerne täten. Häufig werden diese unbewußten Verhaltensweisen vom Bewußtsein als unerwünscht angesehen. Es kann jedoch selten dagegen an, ohne sich mit dem Unbewußten zu verständigen. (Auf die Möglichkeiten solcher Verständigungen wird bei NLP-Techniken noch eingegangen werden.)

■ **Das Unbewußte organisiert Selbstheilungsprozesse.**
Diese These geht von der Annahme aus, daß im Menschen unbewußte Kräfte selbststeuernd tätig werden, um beispielsweise Heilungs- und Regenerationsprozesse auszulösen und im Sinne einer ganzheitlichen (ökologischen) Funktionsfähigkeit und Selbstverwirklichung wirksam werden zu lassen.

■ **Verschiedene Teile wirken im Unbewußten zusammen.**

Dieses → Teile-Modell als eine Grundannahme des NLP besagt, daß im Unbewußten verschiedene Persönlichkeits-Teile wirksam sind, die zwar zusammenarbeiten, aber nicht zu einer Einheit verschmolzen sind, sondern ihre jeweilige Eigenständigkeit beibehalten. «Einerseits würde ich ja gerne, aber andererseits ...» Diese Annahme ist also auch ein Erklärungsmodell für die vielen Widersprüchlichkeiten innerhalb der menschlichen Psyche. Indem jeder Teil personifiziert wird, kann er benannt und in Verhandlungen einbezogen werden.

■ **Jeder Teil verfolgt grundsätzlich eine positive Absicht.**

Diese Einstellung fördert eine versöhnliche Haltung im Umgang mit den verschiedenen Teilen und Bestrebungen in uns. Sie akzeptiert die prinzipiell positive Absicht auch dort, wo wir mit dem Ergebnis nicht direkt übereinstimmen. Dies kann auch zu einem toleranteren und respektvolleren Umgang mit anderen Menschen führen. In der Arbeit mit NLP ermutigt uns diese Annahme, die angestrebte Absicht oder den Nutzen einer Verhaltensweise zu erforschen.

■ **Absicht und Verhalten müssen nicht zwangsläufig übereinstimmen.**

Diese Annahme steht im engen Zusammenhang mit der vorigen. Sie erklärt, warum wir mit unserem Bewußtsein eine Verhaltensweise als unangemessen ansehen und ihre positive Absicht dennoch akzeptieren können.

Der Widerspruch (Akzeptanz positiver Absichten und negativer Bewertung des Verhaltens) wird erklärbar, wenn wir uns vorstellen, daß das Unbewußte (oder verschiedene Teile des Unbewußten) und das Bewußtsein von unterschiedlichen Informationen, einem anderen Zusammenhang und / oder einem unterschiedlichen → Wertsystem ausgehen. Das unbewußte Verhalten wurde möglicherweise in der Kindheit entwickelt – dem Erwachsenen stehen jedoch mehr Alternativen zur Verfügung. Wir wollen daher nicht gegen das Unbewußte, sondern mit ihm zusammen nach Klärung und neuen Alternativen suchen. Das geschieht z. B. über Hinterfragen der Absichten (→ Ziel), die Beurteilung des Kontextes und die Verständigung über die Wertmaßstäbe (→ Reframing).

▨ **Das Unbewußte verfügt über kreative Fähigkeiten.**
Zur Durchsetzung seiner Absichten kann das Unbewußte sehr erfinderisch sein, ähnlich wie kleine Kinder, wenn sie z. B. abends länger aufbleiben möchten. Das Unbewußte kann z. B. körperliche Krankheitssymptome erzeugen, um eine Ruhepause zu erzwingen, wenn es dies für die Aufrechterhaltung der Gesundheit als notwendig erachtet und meint, daß die vom Bewußtsein gesteuerten Handlungen sich darüber hinwegsetzen. Das Verhalten, die gefundenen Lösungswege, erscheinen uns gelegentlich paradox – Krankheit, um die Gesundheit zu schützen –, zeugen jedoch von einer vielschichtigen Logik, die gerade in ihrer ungewohnten Denkweise oft zusätzliche Kreativität erschließt. Im Unbewußten verfügen wir über kreative Ressourcen.

■ **Das Unbewußte ist kooperationsbereit.**

Das Unbewußte ist unermüdlich tätig, um das Überleben und die Existenz zu sichern, Bedürfnisse zu befriedigen und dem Menschen als Ganzes zu dienen. NLP geht davon aus, daß es das Bewußtsein in erheblichem Maße entlastet und prinzipiell zu einer Kooperation mit ihm bereit ist. Seine Unterstützung versagt es dann, wenn es überzeugt ist, nur so der Person am besten dienen und Schaden verhindern zu können. Positiv ausgedrückt heißt das: Das Unbewußte ist zur Zusammenarbeit bereit, wenn es die Vorhaben des Bewußtseins als sinnvoll akzeptiert. Deshalb wird im NLP – insbesondere bei Verhaltensveränderungen – immer wieder die Abstimmung mit den Teilen des Unbewußten vorgenommen.

6. Wir reagieren auf eine subjektive Wirklichkeit

Diese These besagt, daß der Mensch nicht direkt auf die Realität selbst reagiert, sondern sich an seiner individuellen Abbildung von der Welt orientiert, an seiner → inneren Landkarte. «Die Landkarte ist aber nicht das Gebiet!» Mit diesem Satz betont NLP die Relativität des jeweiligen individuellen Weltbildes.

Diese Grundannahme impliziert, daß der einzelne Mensch nicht in der Lage ist, alle Informationen über sein Umfeld aufzunehmen und darüber hinaus auch noch zu aktualisieren. Es erfolgt also eine Selektion, d. h., nur ein kleiner Teil der Signale aus der Außenwelt wird aufgenommen, und das übrige wird ausgefiltert. Wie und was ausgewählt wird, kann bei den einzelnen

Menschen sehr unterschiedlich sein. So weichen die Aussagen verschiedener Zeugen über denselben Vorgang oft erheblich voneinander ab.

Das Weltbild ist also nicht nur unvollständig, sondern es ist auch von Person zu Person unterschiedlich. Aus der Akzeptanz dieser Individualität folgt die subjektive Realität, die jedoch als Wirklichkeit wahrgenommen und den Entscheidungen und Handlungen zugrunde gelegt wird.

Kein Modell kann für sich in Anspruch nehmen, die Wahrheit darzustellen. Aber es gibt Karten, die uns bei der Orientierung besser helfen als andere. So wird NLP auch oftmals als die Kunst bezeichnet, die jeweilige Person darin zu unterstützen, ihre innere Landkarte, das Bild von der Welt, besser zu erkennen und ggf. so zu verändern, daß sie sich besser in der Welt und in ihrem Leben zurechtfindet.

7. Wir lernen am Modell

Wenn ein Mensch lernen kann, etwas Bestimmtes zu tun, dann können es prinzipiell auch andere. Diese Grundannahme spielte in der Entwicklung des NLP eine große Rolle. Wenn ich genau beachte, was und wie jemand etwas macht, dann kann ich es wiederholen, üben und lernen. Sich in dieser Weise Fähigkeiten anzueignen, die von Vorbildern besonders gut beherrscht werden, wird im NLP als Modeling bezeichnet. Schließlich ist NLP aus einem solchen Modellieren entstanden.

Diese Grundannahme vermittelt die Zuversicht, uns solche Fähigkeiten anzueignen, die wir an einem Modell, einem Vorbild, bewundern und selbst erwerben möchten. Sie ermutigen uns zu einem lebenslangen Lernen.

8. Flexibilität schafft Wahlfreiheit

«Wenn das, was du bisher tust, nicht erfolgreich ist, dann tue etwas anderes», ist ein häufig in der NLP-Ausbildung gebrauchter Satz. Er besagt, daß es wenig sinnvoll ist, ein Verhalten, das nicht zum gewünschten Ergebnis führt, ständig zu wiederholen. Eine andere Metapher lautet: «Wer als Werkzeug nur den Hammer kennt, für den muß jedes Problem ein Nagel sein.» Dieses Bild veranschaulicht, daß wir unser Werkzeug (Verhalten) je nach Situation und Aufgabe ändern müssen, wenn wir erfolgreich sein wollen. NLP ermutigt und unterstützt seine Anwender, ihren Werkzeugkoffer ständig zu vergrößern, ihr Verhaltensrepertoire zu erweitern. Dabei kommt es sowohl darauf an zu lernen, mit dem Werkzeug richtig umzugehen, als auch zu erkennen, in welcher Situation welches Werkzeug am geeignetsten ist, flexibel zu sein und das Werkzeug zu wechseln, wenn der gewünschte Erfolg damit nicht erzielt wird. Denn Flexibilität ist die Fähigkeit, sich bei veränderten Gegebenheiten gleichfalls variabel zu verhalten und so ein optimales Ergebnis zu erzielen.

Es gibt für jede Situation ein passendes «Werkzeug»

9. Widerstand erfordert unsere Flexibilität

Diese Aussage fordert den Handelnden zu einer selbstkritischen Prüfung auf. Wenn der andere nicht so reagiert, wie ich es beabsichtigt und erwartet habe, geht es nicht darum, den Widerstand «zu brechen», sondern mein eigenes Verhalten so zu verändern, daß es die gewünschte Reaktion auslöst. Therapeuten, Trainer, Lehrende, Manager und alle Kommunikatoren sollten sowohl für ihr Verhalten als auch für die Reaktion, die sie damit auslösen, die Verantwortung übernehmen. Auch in den Bergen wird das Echo sich nur ändern, wenn der Rufer flexibel ist.

10. In der Kommunikation zählt nicht die Absicht, sondern nur das, was beim Empfänger ausgelöst wird

Dieser Grundsatz hängt eng mit dem Vorhergehenden zusammen, spezifiziert auf den Vorgang der Kommunikation. Für eine erfolgreiche Kommunikation sind weniger die Absichten, Kenntnisse und Formulierungen des Senders entscheidend, sondern vielmehr, wie die Botschaft beim Empfänger ankommt, was sie bei ihm auslöst und wie er reagiert. «Nicht die Absicht, sondern Resultate zählen.» Das erfordert eine empfängerorientierte Kommunikation, d. h., der gute Kommunikator stellt sich auf seinen Partner ein (→ Rapport). Ob ein scherzhaft gemeintes «Du warst auch schon einmal besser» oder ein sachliches «Das kannst du doch» angemessen ist, hängt von der Verfassung des Empfängers ab, nicht von der Stimmung des Senders.

Dabei besteht die Kommunikation nicht nur aus verbalen, sondern auch aus non-verbalen Signalen (→ Kommunikation). Selbst das Nichtbeachten des anderen ist eine Botschaft – die möglicherweise von diesem anders verstanden wird als von uns beabsichtigt. In diesem Sinne beginnt eine Kommunikation, sobald sich Menschen begegnen. Oder anders ausgedrückt: Wir können nicht «nicht kommunizieren».

11. Jede Reaktion kann als Feedback genutzt werden

Die Reaktion gibt zugleich Rückmeldung, wie die gesendete Botschaft verstanden wurde. Entspricht sie den Erwartungen, oder muß das eigene Verhalten verändert werden? Dieser Grundsatz betont also die Chance und den positiven und versöhnlichen Aspekt, denn die Reaktion enthält zugleich wertvolle Informationen für den Partner. Ist die Reaktion beispielsweise zögerlich oder im verbalen und nonverbalen Verhalten widersprüchlich, so kann dies ein Hinweis darauf sein, daß das bisherige Verhalten des Senders noch nicht überzeugend genug war. Es geht also nicht um die Frage nach Fehlern oder darum, «wer recht hat», sondern um die Möglichkeit, die Vorbehalte und Einwände als hilfreiche Ratgeber zu nutzen. Denn es ist wenig sinnvoll, weiter auf einem wackeligen Fundament zu bauen, bevor nicht die erforderliche Übereinstimmung hergestellt ist.

12. Hinter jedem Verhalten steckt eine positive Absicht

Jedes Verhalten zielt auf einen Nutzen ab. Selbst dort, wo das Bewußtsein keine positive Funktion erkennen kann, bewertet zumindest ein Teil des Unbewußten es als nützlich. Eine Diskrepanz zwischen dem Verhalten und seiner Bewertung kann unterschiedliche Ursachen haben. Möglicherweise wird die Bedeutung – der angestrebte Nutzen – nicht erkannt, so wie z. B. kleine Kinder nicht verstehen, warum sie daran gehindert werden, den Ofen anzufassen. Oder das Verhalten war in einer bestimmten Situation sinnvoll, jetzt liegt aber eine andere Gegebenheit vor, und die Veränderung ist nicht deutlich genug geworden. Wir spannen vorsorglich noch den Schirm auf, obwohl es im Moment gar nicht regnet. Die NLP-Methodik strebt hier einen effektiveren Einklang zwischen Verhalten und Absicht an; sie versucht, den positiven Impuls in einen sinnvolleren Bezugsrahmen zu setzen (→ Reframing). Oftmals können darauf aufbauend andere Verhaltensvarianten entwickelt werden, die der ursprünglichen Absicht Rechnung tragen und zugleich im Gesamtzusammenhang angemessener sind.

13. Jedes Verhalten ist zumindest bei einer Gelegenheit nützlich

Bei der Entwicklung jedes Verhaltens werden Ressourcen aktiviert und Fähigkeiten erworben. Zumeist gab es früher einmal eine Situation, in der es sinnvoll war, diese Fähigkeit zu erlernen (auch wenn wir uns heute nicht mehr daran erinnern). Im NLP wird nicht versucht, erworbenes Verhalten zu löschen, sondern es soll gelernt werden, es im richtigen anzuwenden. Dazu kann beispielsweise die schon erwähnte Methode des Reframing eingesetzt werden (→ Kontext-Reframing).

14. Wir wählen stets die beste Möglichkeit, die uns im Moment verfügbar ist

Der Mensch entscheidet sich immer – wenn auch oft unbewußt – für das Verhalten, das vor dem Hintergrund seines Gesamtzusammenhanges, seines aktuellen Informationsstands und seiner inneren Landkarte sinnvoll scheint. Wenn er bessere Alternativen zur Verfügung hätte, würde er sie einsetzen. Daß er dies nicht tut, ist Ausdruck eines momentanen Unvermögens oder einer unzureichenden Einschätzung der Situation. Das Ziel der NLP-Methodik ist es, mehr Verhaltensalternativen und zusätzliche Wahlmöglichkeiten zu erschließen.

Auch diese Grundannahme verdeutlicht das positive Menschenbild im NLP. Das jeweilige Verhalten ist Ausdruck der jeweiligen individuellen Einzigartigkeit einer Person in ihrer derzeitigen Verfassung, aber es ist auch entwicklungsfähig. Das fördert einen positiven, versöhnlichen und respektvollen Umgang mit sich selbst und mit anderen.

15. Eine Veränderung ist nur gut, wenn sie dem komplexen Gleichgewicht eines Menschen als ganzheitlichem System gerecht wird

Ein Verhalten kann also nicht isoliert betrachtet und verändert werden, sondern Nebenwirkungen und der gesamte Zusammenhang müssen berücksichtigt werden. Dieses komplexe System von Wechselwirkungen wird im NLP als Ökologie bezeichnet. Wenn die Folgen einer Verhaltensänderung nicht ausreichend berücksichtigt werden, können Teile des Unbewußten die neue Entscheidung sabotieren oder andere schädliche Nebenwirkungen auftreten, die bei der Entscheidungsfindung nicht erkannt und nicht berücksichtigt worden sind. Veränderungsarbeiten sollten im NLP daher erst nach einer entsprechenden Überprüfung im sogenannten → Öko-Check vorgenommen werden. Das läßt sich mit der Einnahme des Medikaments vergleichen, bei dem Nebenwirkungen zu beachten sind. Was für den einen – oder eine spezielle Situation – sinnvoll ist, muß nicht zwangsläufig auch für den anderen – oder in einer anderen Situation – richtig sein.

Bei Veränderungsarbeiten immer den Öko-Check beachten

16. So einfach wie möglich, so komplex wie nötig!

Bei sehr umfassenden Verhaltensänderungen oder dem Erlernen komplexer neuer Fähigkeiten ist es manchmal sinnvoll, das Vorgehen in mehrere überschaubare Einzelschritte zu gliedern. So können die jeweiligen Komponenten besser beherrscht und Nebenwirkungen berücksichtigt werden. Dadurch können auch schwierige Aufgaben leichter bewältigt werden. Die Teilabschnitte bieten zusätzlich Gelegenheit, den Erfolg eines Abschnitts zu kontrollieren. Wenn dieser bewältigt wurde, ist der Anwender zudem für weitere Schritte motiviert.

Bei den einzelnen Einheiten muß natürlich das Zusammenspiel mit dem Gesamtvorhaben angemessen beachtet werden. Es soll jedoch nicht mehr analysiert und bearbeitet werden, als für das angestrebte Ergebnis erforderlich ist. Für die gute NLP-Arbeit gilt also der Grundsatz der «schlichten Eleganz»: so einfach wie möglich – so komplex wie nötig.

4

Wie funktioniert unsere Wahrnehmung?

Wenn wir andere verstehen wollen, müssen wir ihnen zuallererst zuhören. Und wir müssen nicht nur auf ihre verbalen Signale achten, sondern auch auf ihre *Körpersprache* und andere non-verbale Signale. Ein wesentlicher Teil der Kommunikation erfolgt auf der non-verbalen Ebene. Irritationen, Mißverständnisse und unkoordinierte Reaktionen sind kaum vermeidbar, wenn unbewußt etwas anderes vermittelt wird als durch die bewußte Wahl der Worte. «Die Worte hör ich wohl, allein es fehlt der Glaube mir.» *Kommunikation* ist aber die Basis zwischenmenschlicher Beziehungen, auch der emotionalen. Die Beziehungsebene spielt dabei neben der um Korrektheit bemühten Sachebene eine große Rolle.

Im *Kommunikationsmodell* kann das Zusammenspiel aller Anteile beim Gespräch dargestellt werden: Wer sagt wem was wie und mit welchem Erfolg? «Wer» ist der Sender, derjenige, der dem anderen etwas mitteilt. «Wem» teilt er das mit, wer ist der Empfänger? Was wird «gesagt», worin besteht die Botschaft? Sie hat zwei Ebenen: die Sachebene («Was?») und die Beziehungsebene («Wie?»). Welche Reaktion löst die Mitteilung dann beim Partner aus («Mit welchem Erfolg?»)? War diese Reaktion beabsichtigt? Verstehen

Wer sagt was wie zu wem und mit welchem Erfolg?

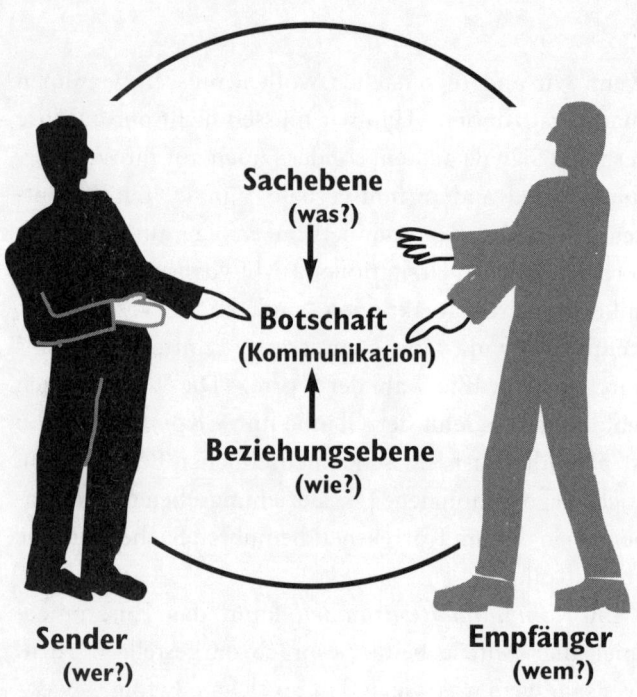

Sachebene
(was?)

Botschaft
(Kommunikation)

Beziehungsebene
(wie?)

Sender
(wer?)

Empfänger
(wem?)

Die Reaktion Ihres Partners zeigt Ihnen, mit welchem Erfolg Sie kommunizieren

sich die Partner richtig? Darüber kann die Erwiderung des Empfängers Auskunft geben. Sie bietet dem Sender die Möglichkeit zu überprüfen, ob seine Botschaft «richtig» angekommen ist. Anders ausgedrückt heißt das: Ist es mir gelungen, das, was ich sagen will, verbal **Feedback** und non-verbal so auszudrücken, daß der Empfänger mich verstanden hat, oder muß ich mein Kommunikationsverhalten ändern?

Verstehen heißt, Verständnis dafür zu entwickeln, was beim Partner innerlich vor sich geht. Durch das, was wir wahrnehmen, wollen wir erkennen, was und wie er denkt. Wenn wir uns unsicher sind, ist es sinnvoll, nachzufragen und seine Rückmeldungen (verbale Antworten und non-verbales Feedback) ernst zu nehmen. Worte können verschieden ausgelegt werden; die Körpersprache ist nicht bei allen Menschen gleich. Wenn wir dem einzelnen gerecht werden wollen, müssen wir individuell wahrnehmen und Unterschiede berücksichtigen.

Wahrnehmung

Wir nehmen unsere Umwelt mit Hilfe unserer fünf Sinne wahr: sehen, hören, fühlen, riechen und schmecken. Im NLP spielt die Wahrnehmung eine wesentliche Rolle, denn sie bestimmt, welche Informationen ein Mensch aufnimmt, im Gedächtnis speichert und bei seinen Entscheidungen zugrunde legt.

Unsere Sinne empfangen ein Vielfaches an Signalen von der Außenwelt. Unser Bewußtsein kann lediglich einen Bruchteil dieser Daten verarbeiten. Wir können unsere Umwelt also nicht vollständig wahrnehmen. Deshalb sprechen wir von einer selektiven Wahrnehmung. Die Wahrnehmung ist von Person zu Person unterschiedlich, also subjektiv. Aus selektiven und subjektiven Eindrücken formt sich unser Weltbild, unsere innere Landkarte – also das, was wir als wahr annehmen und unserer Orientierung zugrunde legen.

Viele Sinneseindrücke werden nicht bewußt, sondern von unserem Unbewußten aufgenommen und, ergänzt um Vorerfahrungen gemäß unserer inneren Landkarte, als aktuelle Erfahrung organisiert. Es besteht eine wechselseitige Beeinflussung: zum einen prägen unsere Sinneswahrnehmungen unser Weltbild, zum anderen bestimmt unsere innere Landkarte, welche aktuellen Signale wir aufnehmen, wie wir sie bewerten (Referenzsystem) und einordnen. Durch ein ständiges und blitzschnelles Abgleichen der aktuellen Reize mit relevanten sinnesspezifischen Vorerfahrungen besteht die menschliche Wahrnehmung aus einer permanenten Vermischung der externen Realität und der Projektion des eigenen Weltbilds. Dies ermöglicht zwar unser Lernen, erklärt aber auch, weshalb sich Menschen mit unterschiedlichen Standpunkten oft durch die gleiche Begebenheit bestätigt fühlen.

Wahrnehmungstrichter

Die subjektive Selektion der Wahrnehmung wird auch als Wahrnehmungstrichter bezeichnet, denn die Fülle und Breite der Signale wird auf eine kleine Auswahl hin verengt. Andere Ausdrücke sind *Filter* oder *Realitäts-Tunnel*. Zum einen wirkt hier die schon besprochene Wechselwirkung zwischen Wahrnehmung und innerer Landkarte: Neue Informationen werden so lange wie möglich zur Bestätigung des bisherigen Weltbildes genommen. Abweichungen gelten als die Ausnahme, die die Regel bestätigt. Und erst nach und nach werden sie als Irritation und Möglichkeit zur Neuorientierung wahrgenommen. Die Auswahl wird außerdem durch das beeinflußt, was uns gerade wichtig erscheint. Beschäftigen wir uns beispielsweise mit einem bestimmten Thema, so entdecken wir «wie zufällig» entsprechende Buchtitel oder Zeitungsartikel etc., die wir sonst unbeachtet gelassen hätten. Wenn Sie sich z. B. gerade überlegen, ob Sie sich z. B. einen bestimmten Wagentyp anschaffen sollten, sehen Sie plötzlich dieses Fahrzeug sehr viel häufiger als früher. Durch gezielte Aufmerksamkeit können wir also Einfluß auf unsere Wahrnehmungen ausüben.

Die Wahrnehmung der Außenwelt erfolgt über unsere Sinne. Sinneskanäle, die stärker bevorzugt werden, prägen die Wahrnehmung intensiver. Dieselbe Szene wird von jemandem, der visuell wahrnimmt, mit Bildern beschrieben, während ein anderer eher die Gespräche, Geräusche und die Musik wahrnimmt. Ein Dritter beschreibt die Szene vielleicht mit dem Gefühl, das er beim Beobachten hatte, oder mit den Bewegungen und Handlungen, die er wahrgenommen hat. Die Art des Erlebens wird wesentlich davon beeinflußt, welche Sinneswahrnehmung bei einer Person dominiert. Deshalb sprechen wir auch von → Wahrnehmungstypen.

Repräsentationssysteme

Repräsentation ist die Vergegenwärtigung einer früheren Wahrnehmung in der Vorstellung. Dies geschieht vor allem über das Sinnessystem, mit dem Erfahrungen abgerufen werden. Unsere → innere Landkarte steht stellvertretend für die Art und Weise unserer Wahrnehmung. Neben externen Erfahrungen können auch intensive interne Erlebnisse – also Vorstellungen und Gedanken – zur prägenden Wahrnehmung werden. Entscheidend ist der Grad der Intensität.

Die Schilderung von Erlebnissen, Erfahrungen und Gelerntem entspricht zum einen der Form der in unserem Gedächtnis gespeicherten Informationen. Dazu kommt noch, daß bei der inneren Sinneswahrnehmung bestimmte Sinneskanäle «verstopft» bzw. weniger aktiv sein können, so daß dieser Teil der Repräsentation unser Bewußtsein nicht erreicht. Die Beachtung der Repräsentationssysteme und der Wahrnehmungsebenen erlaubt einen Hinweis darauf, wie jemand seine Umwelt wahrnimmt, Informationen verarbeitet und organisiert. Dadurch können Situationen und andere Personen besser verstanden werden.

Auch das Repräsentationssystem ist subjektiv und von Person zu Person unterschiedlich. Deshalb wird im NLP sehr viel Wert auf sinnesspezifische Beschreibungen gelegt, denn sie enthalten einen Hinweis auf das jeweilige Repräsentationssystem. Durch die Repräsentationssysteme kann erkannt werden, über welche Sinneswahrnehmungen Informationen aufgenommen und Erfahrungen abgerufen werden.

Dieses Kürzel steht für: V = visuell (sehen), A = auditiv (hören), K = kinästhetisch (fühlen) und O = olfaktorisch-gustatorisch (riechen und schmecken). Gemeint sind also die menschlichen Sinnessysteme, über die die Wahrnehmungen organisiert werden. Die im Gedächtnis abgespeicherte innere Landkarte ist durch die Eindrücke der verschiedenen Sinneswahrnehmungen gewissermaßen kodiert. In der NLP-Arbeit werden deshalb die Wahrnehmungskanäle systematisch abgefragt: «Was sehen Sie? Was hören Sie? Was fühlen Sie? Was riechen oder schmecken Sie?» Damit werden eine möglichst umfassende Repräsentation und Vergegenwärtigung der Erfahrungen erleichtert und der Einengung auf nur eine oder wenige Wahrnehmungsebenen entgegengewirkt. Die Abkürzung V. A. K. O. steht stellvertretend für eine Form von → Prozeßinstruktionen, die eine ganzheitliche Repräsentation fördern sollen. Oder anders ausgedrückt: V. A. K. O. ist der knappe und prägnante Ausdruck für den gesamten Ablauf umfassender Nachfrage und Wahrnehmung.

Genaugenommen müßte die Abkürzung aus fünf Buchstaben (VAKOG) bestehen. Der Grund für die Verkürzung liegt darin, daß die Wahrnehmungstypen Sehen, Hören, Fühlen dominieren. Die Sinnessysteme des Riechens und des Schmeckens werden im «O» zusammenfassend symbolisiert.

V. A. K. O. –
die Sinneswahrnehmungen

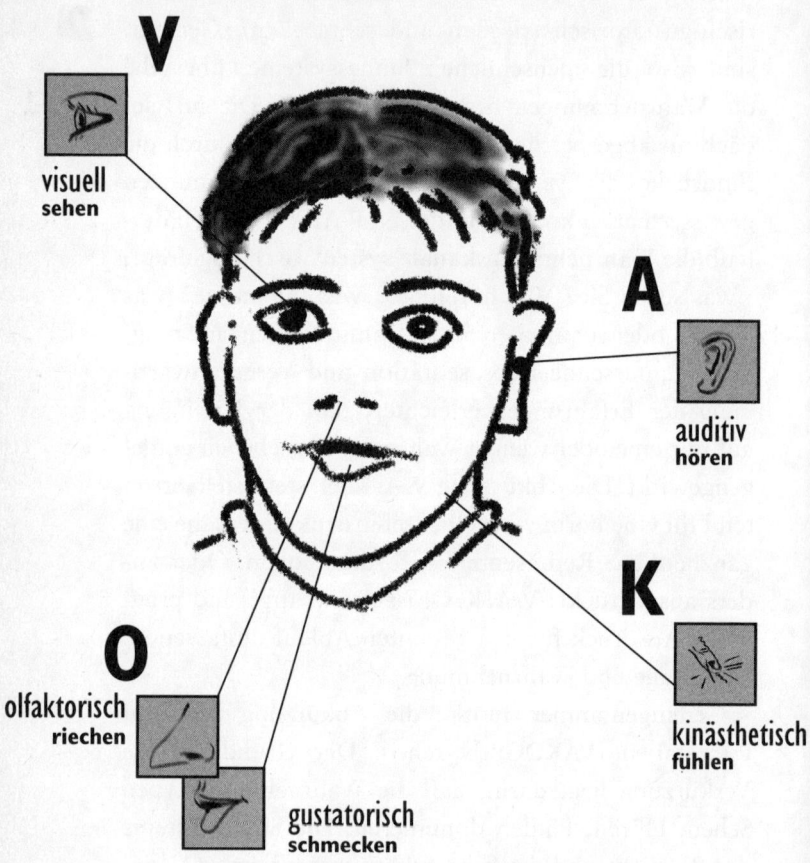

Wir nehmen die Welt durch unsere fünf Sinne wahr

Für den Aufbau des Kontakts bzw. für das Verständnis eines Gesprächspartners ist es hilfreich, sein Repräsentationssystem zu erkennen. Es gibt nicht nur Aufschluß über die aktuelle Informationsverarbeitung in seinem Gehirn, sondern ermöglicht uns auch, den Partner mit unseren Fragen, Hinweisen, Interventionen etc. (Signalen) besser zu erreichen. Wir tun dies, indem wir unsererseits denselben Sinneskanal wählen. Auf der gleichen Leitung wird die Verständigung problemloser. Der geschulte NLP-Anwender achtet also aufmerksam auf solche Zugangshinweise. Die typischen und nachfolgend näher behandelten Zugangshinweise sind: Augenmuster und Sprachverhalten.

Augenmuster

Bei der Entwicklung des NLP haben Bandler und Grinder herausgefunden, daß die Augenstellung uns Hinweise darauf geben kann, welche inneren Prozesse gerade bei der betreffenden Person ablaufen und durch welche Sinneswahrnehmungen die dabei verwendeten Informationen geprägt sind. Sie erkannten also den Zusammenhang zwischen Augenbewegungen und dem aktuellen Repräsentationssystem. Man spricht auch von der Möglichkeit zu erkennen, in welcher Wahrnehmungsebene sich die Person gerade befindet, und unterscheidet dabei sechs Augenstellungen. Die nachfolgende Abbildung zeigt, wie wir ein Gegenüber aus unserer Sicht sehen. Die Bezeichnungen «links» und «rechts» entsprechen der Perspektive des Betrachters. Sie gelten für Rechtshänder. Bei Linkshändern können die Seiten vertauscht sein; dies ist durch geeignete «Kontrollfragen» leicht herauszufinden.

■ **Augen oben rechts:** Es werden innere Bilder aus dem Gedächtnis abgerufen, also visuelle Erinnerungen.

■ **Augen oben links:** hier werden Bilder konstruiert, z. B. Zielbilder, Visionen und Vorstellungen, wie etwas sein könnte.

Durch auf visuelle Erinnerung abzielende Fragen wie «Welche Farbe, Grün oder Rot, ist bei einer Verkehrsampel oben?» etc. oder Aufforderungen zur visuellen Konstruktion «Wie würde anstelle des Wetterhahns ein Elefant auf dem Kirchturm stehen?» kann die zuvor angesprochene Überprüfung vorgenommen werden, ob die Angaben links/rechts für die betreffende Person stimmen oder getauscht werden müssen.

■ **Augen Mitte rechts:** hier erinnern wir uns an Töne, Geräusche und Stimmen etc. Diese Position ist typisch, wenn wir versuchen herauszufinden, was tatsächlich gesagt worden ist.

■ **Augen Mitte links:** entsprechend der visuellen Ebene werden hier Töne, Geräusche und Stimmen konstruiert. Beispielsweise kann hier auch der «Probelauf» eines Satzes erfolgen, bevor er laut ausgesprochen wird.

Kontrollfragen können sich hier darauf beziehen,

Augenbewegungen
– bei einem Rechtshänder

Links   **Rechts**

Innere Bilder konstruieren:
«Wie sieht ein grünes
Kaninchen aus?»

Innere Bilder erinnern:
«Was hatte mein Partner
gestern an?»

Innere Töne konstruieren:
«Wie sprechen
Marsmenschen?»

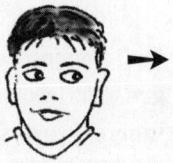

Innere Töne erinnern:
«Was hat er zu mir gesagt?»

Körpergefühl:
«Wie fühlt sich Duschen an?»

Selbstgespräch:
«Da sag ich mir...»

**Aus den Augenbewegungen kann man auf die jeweilige Art
des Denkens schließen («Links» und «Rechts» beziehen sich
hier auf die Sicht des Betrachters)**

was jemand damals genau gesagt hat oder was jemand in einer neuen Situation möglicherweise sagen würde.

■ **Augen unten rechts:** Dies zeigt an, daß wir uns in einem inneren Dialog befinden. Dabei können verschiedene Aspekte gegeneinander abgewogen werden. Es kann auch sein, daß uns unsere eher kritischen Glaubenssätze, Mahnungen und Zweifel bewußt werden.

■ **Augen unten links:** Das entspricht dem gefühlsmäßigen Erleben einer Szene. Gfs. werden Informationen auch aus der Geruchs- und Geschmackswahrnehmung berücksichtigt.

Die Augenbewegungen, d. h. die Abfolge von Stellungen der Iris im Auge, spiegeln gleichzeitig ablaufende innere Prozesse. So kann beispielsweise die Augenbewegung oben rechts, unten rechts, Mitte links symbolisieren, daß zunächst eine visuelle Erinnerung abgerufen, im inneren Dialog überprüft und dann eine Antwort überlegt wurde.

Augenmuster zur Selbstführung Die Augenmuster können auch bewußt zur Selbstführung eingesetzt werden, um gezielt bestimmte Repräsentationsebenen zu aktivieren. Wollen wir uns z. B. etwas bewußt visuell in Erinnerung rufen, so können wir dies unterstützen, indem wir die Augen in das obere Drittel bewegen, und zwar nach rechts. Wenn wir ein gefühlsmäßiges Erleben beenden möchten, heben wir die Augen aus dem unteren Drittel und aktivieren so auditive oder visuelle Sinneswahrnehmungen.

Die Augenmuster spielen in der Kommunikation und

beim Kontakt zum Partner eine erhebliche Rolle, so daß sie gelegentlich fälschlicherweise als Synonym für NLP-Techniken oder gar als eine Art «Lügendetektor» mißverstanden wurden. Vorrangig geht es jedoch darum, durch die Augenbewegungen als aufmerksamer Beobachter zusätzliche Zugangshinweise auf die gleichzeitig ablaufenden inneren Prozesse zu erhalten, um so den Partner besser zu verstehen. Dies unterstützt als Information das → Pacing; beim → Leading kann es als → Feedback dienen, inwieweit der andere uns auch innerlich folgt.

Befindet sich eine Person in einer Wahrnehmungsebene, die durch die Augenstellung im unteren Drittel angezeigt wird, wird die Aufmerksamkeit leicht nach innen gelenkt und der Kontakt zur Außenwelt reduziert. Wahrscheinlich liegt die tiefere Bedeutung der Aufforderung «Sieh mich an», «Kopf hoch», «Sieh geradeaus» etc. darin, diese nach innen gerichtete Wahrnehmung aufzulösen und sich für äußere Wahrnehmungen zu öffnen.

Sprachverhalten

Auch die Sprache weist darauf hin, in welcher Symbolik gerade gedacht wird. Sie zu erkennen und zuzuordnen hilft ebenfalls dabei, die Wahrnehmungsebene und das Repräsentationssystem zu erkennen. Sich in seinem eigenen Sprachverhalten auf dieses Sprachmuster des Partners einzustellen bedeutet, auf dem Kanal zu senden, auf dem der andere gerade empfangsbereit ist. Das fördert die Verständigung. Zum Sprachverhalten zählen neben der Wortwahl Gleichnisse, Metaphern und Beispiele. Nachfolgend einige Zuordnungshinweise.

■ **Visuell:** hierzu zählen Wörter wie sehen, schauen, blicken, beobachten, zeigen, starren und vorstellen; Beschreibungen von Farben, Perspektiven und Blickwinkeln gehören gleichfalls dazu.

Typische Ausdrucksweisen können sein: Schwarzmalerei, den Durchblick gewinnen, das ist doch sonnenklar, das paßt ins Bild, das sieht gut aus, dies erscheint trist und jenes farblos, es fehlen die Konturen, den Überblick gewinnen, alles durch eine rosarote Brille betrachten, das Licht am Ende eines Tunnels sehen, Farbtupfer ins Bild bringen, bei anderem Licht betrachten, es fällt einem wie Schuppen von den Augen, den eigenen Augen nicht trauen, ins Zwielicht geraten, ins Rampenlicht treten, jetzt paßt es ins Bild.

■ **Auditiv:** entsprechende Wörter sind hören, sprechen, rufen, sagen, fragen, plaudern, kommentieren, schweigen, lärmen, einstimmen, klingen, erwähnen, nachfragen, taub, unüberhörbar, Klang, Harmonie, Totenstille, Hochstimmung, Wortwechsel etc.

Formulierungen können sein: Es hat «Klick» gemacht, klingt vernünftig, lauthals verkünden, mit Pauken und Trompeten, im Einklang stehen, es kracht, etwas hinausposaunen, hellhörig werden, das Gras wachsen hören, böse Zungen behaupten, meine innere Stimme sagt mir, der hört wohl nicht recht, von Tuten und Blasen keine Ahnung, die leisen Töne beachten.

■ **Kinästhetisch:** fühlen, spüren, berühren, erfassen, verlangen, griffig, zupackend, glatt, rauh, kalt, warm, spannend, sensibel oder kühl.

Entsprechend könnte formuliert werden: Das Argument paßt, das bekomme ich in den Griff, mir hüpft das Herz vor Freude, ich habe weiche Knie, mir stockt das Blut in den Adern, es wird warm ums Herz, ein Kloß steckt im Hals, das macht mir Bauchschmerzen, mir werden Knüppel zwischen die Beine geworfen, kalte Füße oder einen Schweißausbruch bekommen, der Atem stockt, der Hinweis sitzt, das reibt sich, das fühlt sich gut an, Wut im Bauch, es berührt mich, belastet mich oder schmettert mich nieder, in die Ecke gedrängt, der Schuh drückt, sich in seiner Haut wohl fühlen, sich fallenlassen, wir werden Hand anlegen.

■ **Olfaktorisch/gustatorisch:** riechen, duften, stinken, blumig, schmecken, scharf, süß, schal oder geschmacklos.

Redewendungen können sein: Das stinkt mir, die Nase rümpfen, es ist dufte, es riecht nach einer Überraschung, die Nase vorn haben, sich erst einmal beschnuppern, den richtigen Riecher gehabt, drinnen ist dicke Luft, es weht ein frischer Wind, eine steife Brise, etwas anbrennen lassen, sich den Wind um die Nase wehen lassen, der Stallgeruch einer Clique, die Luft ist rein, die Nase überall hineinstecken, für etwas eine gute Nase haben, das schmeckt mir nicht, das ist absolut Sahne, die Schokoladenseite des Lebens, ein bitterer Nachgeschmack, eine delikate Angelegenheit, ein echter Leckerbissen, ein gefundenes Fressen, etwas herun-

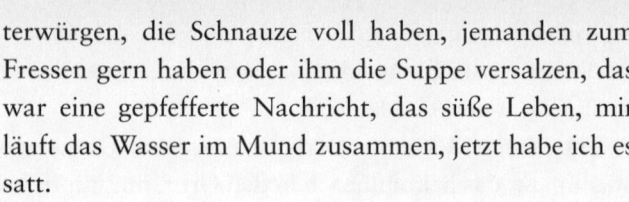

terwürgen, die Schnauze voll haben, jemanden zum Fressen gern haben oder ihm die Suppe versalzen, das war eine gepfefferte Nachricht, das süße Leben, mir läuft das Wasser im Mund zusammen, jetzt habe ich es satt.

Wahrnehmungstypen

Normalerweise nimmt der Mensch seine Umwelt mit all seinen fünf Sinnen wahr. In manchen Situationen sind wir jedoch auf einen Blickwinkel fokussiert, spitzen die Ohren oder sind ganz bei unserem Gefühl. Dann ist die Wahrnehmung über die anderen Sinneskanäle unterbrochen oder deutlich eingeschränkt. Die meisten Menschen bevorzugen eine Wahrnehmungsebene. Je mehr eine Sinneswahrnehmung dominiert, um so stärker beeinflussen die hierüber aufgenommenen Informationen die innere Landkarte.

Je nachdem, welcher der drei wichtigsten Kanäle dominiert, unterscheiden wir zwischen visuellen, auditiven und kinästhetischen Typen. Die olfaktorischen und gustatorischen Kanäle, die bereits beim → V. A. K. O. im O zusammengefaßt wurden, werden dem kinästhetischen Typ zugeordnet. Sie bilden keinen eigenen Wahrnehmungstyp, obgleich auch diese Signale oft unbewußt erhebliche Reize und Reaktionen auslösen können.

Die im vorigen Abschnitt behandelten Zugangshinweise wie Augenmuster und Sprachverhalten unterstützen das Erkennen und Zuordnen zu den drei Wahrnehmungstypen. Dabei geht es weniger um eine Typen-Lehre, sondern um die präzise, sinnesspezifische

Wahrnehmung und die individuelle Einstimmung auf den jeweiligen Partner. Häufig benutzte Denkstrukturen erlauben einen Rückschluß auf Erfahrungen und wahrscheinliche Zusammenhänge, die im konkreten Fall noch überprüft werden müssen. Es handelt sich also nicht um «bewiesene» Zuordnungen, sondern lediglich um Indizien, die erst bestätigt werden müssen, z. B. durch die → Columbo-Technik, deren Bezeichnung Bezug auf den gleichnamigen Inspektor einer amerikanischen Krimiserie nimmt.

Robert Dilts formuliert seine Beobachtungen zu den Wahrnehmungstypen wie folgt: «Auditive Typen lesen gerne Bücher, oft auch interessante und komplizierte Sachbücher. Sie haben Freude daran und können Informationen leicht verstehen. Kinästhetische Typen brauchen Übungen. Sie wollen die Informationen in Handlungen umsetzen und Erfahrungen machen, die bei ihnen Gefühle auslösen. Visuelle Typen brauchen Demonstrationen. Sie wollen mit ihren eigenen Augen sehen, wie eine Technik funktioniert und was sie beim anderen bewirkt.»

Die drei Wahrnehmungstypen

Personen, die sich überwiegend an *visuellen* Wahrnehmungen orientieren, erleben ihre Welt, aber auch ihre Ziele, Visionen, häufig als Bilder. Ihnen fällt es zumeist leicht, sich Erlebnisse der Vergangenheit oder Zukunft plastisch vorzustellen. Bei sich und anderen beachten sie oft kleinste Details, z. B. in der Kleidung. Ihr Sprachverhalten ist von visuellen Prädikaten geprägt.

Auditiv orientierte Menschen bevorzugen das *auditive* Sprachverhalten. Sie achten darauf, was und wie etwas gesagt wird. Die Unterscheidung in *auditiv-tonale* und *auditiv-digitale* Typen ist für den weiteren Umgang oft sehr hilfreich. Auditiv-tonale Personen beachten besonders Klang, Lautstärke, Tonfall, Harmonie etc.; oft haben sie als Musiker oder Musikliebhaber ein sehr geschultes Gehör. Ihnen ist wichtig, wie etwas gesagt wird.

Für den auditiv-digitalen Typ ist die genaue Bedeutung der Worte wichtig, häufig verfügt er über einen umfassenden und differenzierten Wortschatz und ist ein anspruchsvoller Gesprächspartner. Unsere Art der Ausbildung an Schulen und Hochschulen fördert mit ihren genauen Definitionen und differenzierten Aussagen eine Typisierung in diese Richtung.

Menschen, die sich bevorzugt über das *kinästhetische* System orientieren, sind stärker auf einen guten Kontakt zu ihrem Körper und zu Dingen ausgerichtet, die man anfassen und begreifen kann (taktile Wahrnehmungen). Sie orientieren sich an Empfindungen und Gefühlen. Sie neigen entweder zu Sport und Bewegung oder zur Geruhsamkeit bis hin zur Bequemlichkeit. Auch bei der Kleidung spielt für sie zumeist die Bequemlichkeit eine dominierende Rolle.

Die verschiedenen Typen könnten beispielsweise dieselbe Szene so beschreiben: «Dann sah ich jemanden hereinkommen, etwa mittelgroß, blondes Haar und sportliche Kleidung ...» Oder: «Die Tür ging mit einem lauten Krach auf, und es kam zu einem sehr unharmonischen Gespräch.» Oder: «Ein Mann kam herein und sagte ..., worauf der andere erwiderte ...» Oder: «Es gab eine handfeste Auseinandersetzung, und die Eskalation war zum Greifen nah.» Oder: «Ich hatte sehr schnell ein unangenehmes Gefühl und spürte, daß keinem wohl war in seiner Haut.»

Die meisten Menschen sind in der Lage, alle ihre Sinne einzusetzen. Dennoch bevorzugen die meisten eine Wahrnehmungsebene, die dann vor allem in Streß-Situationen dominiert.

Wenn wir bei unserem Gesprächspartner die aktuell vorherrschende Wahrnehmungsebene erkennen, können wir ihn sowohl besser verstehen als uns auch selbst ihm verständlicher machen. Wenn wir sie nicht kennen oder eine größere Gruppe von Personen mit unterschiedlichen Präferenzen ansprechen, kann es sinnvoll sein, die gleiche Aussage mit verschiedenen sinnesspezifischen Prädikaten zu wiederholen, um möglichst viele auf ihrem bevorzugten Kanal zu erreichen.

Dem NLP-geschulten Beobachter geht es weniger um eine generalisierende Typisierung, sondern um die differenzierte Wahrnehmung typischer Merkmale und Verhaltensmuster. So können bei einer Person bestimmte Wahrnehmungsebenen ganz konkreten Funktionen zugeordnet sein, beispielsweise wenn jemand sich nur durch verbale Anerkennung ausgezeichnet fühlt (Wort oder Tonfall). Andere benötigen dagegen sichtbare Symbole (z. B. Statuszeichen) oder handfeste Gesten (Handschlag oder einen Arm um die Schulter).

Submodalitäten

Die Resultate der Sinneswahrnehmung können in Form und Qualität sehr unterschiedlich repräsentiert (→ Repräsentationssystem) werden. Submodalitäten sind detaillierte Unterscheidungen bei den Sinnessystemen, die durch präzisierendes Nachfragen verdeutlicht und auch angepaßt werden. Sie dienen der genaueren Differenzierung. Durch die Beschreibung der Untereigenschaften wird die Wahrnehmung zusätzlich spezifiziert.

Kleine Unterschiede sind manchmal zunächst kaum wahrnehmbar und können doch so entscheidend sein. «Etwas stimmt nicht im Bild»; «Irgendwie schwingt eine leichte Disharmonie mit»; oder: «Es ist noch nicht ganz griffig, ich habe ein vages Gefühl» deutet eine Irritation an. Auch das geschulte Ohr eines Mechanikers hört eine Unstimmigkeit im Motorengeräusch, obgleich er den Defekt noch nicht ausmachen kann. Im Verhalten des Menschen ist es oftmals die leichte Verwirrung, über die wir dann achselzuckend hinweggehen oder der wir weiter nachgehen können. NLP geht diesen Unstimmigkeiten nach, und vielfach können über kleine Veränderungen große Wirkungen erzielt werden, die manchmal wie Zauberei wirken.

In letzter Zeit sind die Submodalitäten im NLP immer wichtiger geworden. Bei den methodischen Entwicklungen spielen sie eine zunehmende Rolle. Sie sind sozusagen die Feineinstellung, das letzte Drehen am Schräubchen, um exzellente Resultate zu erreichen.

Die Submodalitäten werden durch immer genaueres Nachfragen herausgearbeitet. Die nachfolgende Aufstellung gibt Hinweise, auf welche Details sich die Nachforschung beziehen kann, um eine differenziertere Vorstellung zu erhalten.

■ **Visuelles Repräsentationssystem:**

Größe des Bildes (füllt es das ganze Gesichtsfeld)?

Form des Bildes (rund, rechteckig, quadratisch, oval etc.)?

Bewegung (stehendes Bild oder eine Szene, ein Film, ein Video – bewegt sich das ganze Bild oder nur etwas im Bild – hat die Bewegung eine Richtung etc.)?

Farbe (schwarz-weiß oder farbig, wie genau, leuchtende Farben oder Pastelltöne etc.)?

Helligkeit (hell – dunkel etc., aber auch gleichmäßig im Bild oder unterschieden)?

Schärfe (eher verschwommen oder gestochen scharf, wie genau, wo im Bild unterschiedlich)?

Kontraste (wenn, wo am stärksten ausgeprägt)?

Komplexität (gibt es einen Vorder- und einen Hintergrund, sind Einzelheiten hervorgehoben etc.)?

Proportionen (stehen die einzelnen Teile in einem sinnvollen Verhältnis zueinander, oder sind eher Verzerrungen erkennbar)?

Perspektive (aus welcher Sicht ist das Bild gesehen, von außen, von innen, von vorne, von der Seite, links oder rechts)?

Entfernung (weit, nah)?

Oberflächenstruktur (glänzend, matt, rauh)?

Rahmen (gibt es einen klaren Rahmen, oder verschwimmt es in den Rändern, welche Zwischenstufen)?

Anzahl (ein oder mehrere, wenn, wie viele Bilder zur gleichen Zeit oder in Folge)?

Plastisch (ist das Bild eher flach, mit Tiefendimensionen)?

Weitere Einzelheiten können jederzeit hinzukommen.

■ **Auditives Repräsentations-System:**

Sprache (sind Worte und Sätze zu hören etc.)?

Stimmenzahl (eine oder mehrere, unterscheidbar wie …)?

Lautstärke (laut, angemessen, flüsternd)?

Tonlage (hoch, normal, niedrig, schrill, gedämpft)?

Tonalität (volltönend, klangvoll, dünn, heiser, nasal)?

Dynamik (schnell, langsam, stetig, wechselnd, rhythmisch etc.)?

Musik (Geräusche, gibt es begleitende Töne, gehören sie zur Szene oder zum Hintergrund)?

Melodie (einschmeichelnd, dynamisch, monoton)?

Modulation (eher gleichmäßig oder wechselnd, gibt es Beziehungen bei eventuellen Variationen etc.)?

■ **Kinästhetisches Repräsentations-System:**

Position (wo genau in Ihrem Körper spüren Sie es)?

Qualität (verkrampft, angespannt, prickelnd, diffus, drückend etc.)?

Intensität (wie stark, eher leicht)?

Temperatur (kalt, warm, heiß oder noch genauer)?

Direktheit (ist es ein unmittelbares Körpergespür oder eher die Empfindung eines Gefühls oder ähnlich)?

Bewegung (kontinuierlich, wechselnd, abrupt, schnell, langsam)?

Richtung (gibt es eine Quelle, von der es ausstrahlt, hat dies eine gleichbleibende oder wechselnde Richtung)?

Dauer (stetig, häufig, selten)?

Empfindungsqualität (eher lustvoll, schmerzhaft, abstumpfend, aufregend…)?

Auch hier können sich aus der konkreten Situation weitere Ansatzpunkte zu genaueren Nachfragen ergeben.

Die genaue Wahrnehmung unterstützt den NLP-Anwender außerdem darin, die jeweilige Verfassung einer Person zu erkennen und sie ggf. durch Variation in den Submodalitäten zu verändern.

5
Innere Zustände erkennen

Manchmal haben wir den Eindruck, daß uns alles gelingt. Wir sind zuversichtlich, kreativ, energievoll, und nichts Wesentliches entgeht uns. Wir gehen auf den anderen ein und entwickeln Lösungen; kurzum: wir sind erfolgreich. Und dann wieder gibt es Momente, in denen nichts mehr zu gehen scheint. Wir verstehen nicht recht, was unser Gegenüber meint, uns fallen Antworten, Begriffe oder Namen nicht mehr ein, und unsere Kreativität ist wie versiegt. Mal sind wir geistreich, mal geistig abwesend. Mal lieben wir den Kontakt zu anderen, können auf sie zugehen und charmant sein. Ein anderes Mal möchten wir in Ruhe gelassen werden oder reagieren sogar unwirsch und aggressiv. Oft fällt es schwer, sich vorzustellen, daß es sich jedesmal um dieselbe Person handelt. «So kannte ich ihn noch gar nicht» oder «Sie ist wie ausgewechselt» kann die Reaktion lauten, wenn eine völlig neue Seite erlebt wird.

Der Grund dafür ist, daß sich der Mensch zwar stets in einem Zustand befindet (wir können nicht in keinem Zustand sein), aber diese Zustände können sehr unterschiedlich sein. Bei einem ganzheitlichen Ansatz gehen wir davon aus, daß der jeweilige Zustand die körperliche Verfassung, die emotionale Befindlichkeit und das kognitive Denkvermögen prägt und diese wiederum Auswirkungen auf die körperliche Verfassung haben. Wir sprechen von einem wechselseitigen Einfluß.

Physiologien: die inneren Zustände

Der jeweilige psycho-physiologische Gesamtzustand wird im NLP als Physiologie bezeichnet. Die Begriffe «Physiologie» und «Zustand» können hier also synonym verwendet werden. Die Physiologie umfaßt alles, was an einem Menschen wahrnehmbar ist. Dazu gehören sowohl das äußere Verhalten als auch das innere Erleben, auch wenn es nur begrenzt erkennbar ist.  Äußere und innere Wahrnehmungen bestimmen die jeweils aktuelle Physiologie. Sowohl äußere Reize als auch innere Anstöße (Gedanken, Erinnerungen, Neubewertungen etc.) können einen Zustand verstärken oder einen anderen auslösen. Solange wir im Leben einer Flut von Signalen ausgesetzt sind, befinden wir uns auch im Fluß der Physiologie. Der ständige Wandel ist charakteristisch für das menschliche Sein.

Erkennbar sind Physiologien vor allem durch die Wahrnehmung sichtbarer und hörbarer Merkmale im Verhalten einer Person. Solche Merkmale, deren Änderung einen Wechsel in der Physiologie anzeigt, sind insbesondere: Atmung, Stimmlage, Lautstärke, Timbre, Gesichtsfarbe, Gesichtsausdruck, Veränderung der Lippenhaltung, Augenbewegungen, Lidreflexe oder unbewußte Bewegungen.

Bestimmte Ausprägungen der genannten Merkmale sind für besondere Physiologien typisch. Sie sind bei verschiedenen Menschen in vergleichbaren Physiologien beobachtbar. Geht es jedoch um eine konkrete Person, so können mehr oder weniger große Abweichungen auftreten. Deshalb ist stets eine Überprüfung notwendig. Zustände zu erkennen und ggf. in konstruktiver Weise aufzulösen ist sowohl im Umgang mit anderen als auch bei der Selbststeuerung sinnvoll und ein wesentlicher Teil der erfolgreichen NLP-Arbeit.

So vielfältig wie die Menschen sind auch ihre unterschiedlichen Zustände. Für die praktische Arbeit ist es hilfreich, sie in überschaubare Gruppen zusammenzufassen. Für die Veränderungsarbeit werden im NLP  häufig vier Physiologien unterschieden: die Problem-, Ziel-, Ressourcen- und Versöhnungs-Physiologie. Ergänzt werden sie durch die Misch-Physiologien. Nachfolgend werden diese fünf Grundmuster und daran anschließend einige weitere markante Zustände vorgestellt.

Im Anschluß werden das bewußte Beenden eines Zustandes (→ Separator) und die NLP-typische Weise, sich auf die verschiedenen Physiologien einzustellen, zu eichen (→ kalibrieren), behandelt.

Problem-Physiologie

In diesem Zustand befindet sich jemand, der Aufgaben und Herausforderungen gegenübersteht, für die er (noch) keine brauchbaren Lösungen gefunden hat, oder der sich an Situationen erinnert, die nicht zu seiner Zufriedenheit abgeschlossen wurden. Je nach Schwere des erlebten Problems kann die Problem-Physiologie schwächer oder stärker ausgeprägt sein. Von außen wahrnehmbare Merkmale sind z. B. flacher Atem, asymmetrische und verspannte Haltung und Bewegungen, Blick nach unten links (→ Augenmuster), blasse Hautfarbe und versteinerte Mimik. Die individuelle Ausprägung kann jedoch sehr unterschiedlich sein und mit dem Ausmaß des Problems variieren. Die Problemphysiologie zeigt einen Zustand an, in dem die Konzentration beim Problem liegt und noch nicht bei Lösungen und Veränderungschancen.

Ziel-Physiologie

Dieser Zustand zeigt an, daß die Person Kontakt zu ihren Zielen hat. Die Vorstellung der Zielerreichung sollte möglichst konkret und sinnesspezifisch sein, um später den Erfolg sicher überprüfen zu können. Je genauer die Zielformulierung, um so deutlicher die Ziel-Physiologie. Auch die Merkmale, die diese Physiologie anzeigen, können individuell sehr unterschiedlich sein.

Da NLP eine zielorientierte Methodik ist, kommt der Zielbestimmung und deren ganzheitlicher Verträglichkeitsüberprüfung (→ Öko-Check) eine besondere Bedeutung zu, bevor dann die zur Erreichung notwendigen Ressourcen aktiviert werden können.

Ressourcen-Physiologie

Mit der Ressourcen-Physiologie wird angezeigt, daß die betreffende Person in der Lage ist, Erfahrungen, Fähigkeiten, Kenntnisse und Kreativität, Energie und

Kräfte, Mittel und Wege zur Zielerreichung in einer konkreten Situation einzusetzen. Sie zeigt den Kontakt zu den eigenen Ressourcen an, das positive Selbstvertrauen und das Verfügen über Alternativen. Die Ressourcen-Physiologie ist der Ziel-Physiologie häufig sehr ähnlich. Während die Ziel-Physiologie jedoch eher auf die Zukunft bezogen ist, werden in der Ressourcen-Physiologie verstärkt Erfahrungen aus der Vergangenheit genutzt.

Den ressourcenvollen Zustand zu aktivieren heißt auch, das Selbstwertgefühl in positiver Weise zu stärken und für die Problemlösung Fähigkeiten und Energien einzusetzen, die der betreffenden Person angemessen sind.

Versöhnungs-Physiologie

Unter Versöhnung wird die Erkenntnis verstanden, daß ein bisher negativ bewertetes Problemverhalten in bestimmten Lebenslagen und Situationen sinnvoll, vielleicht sogar notwendig sein kann. Es kommt zur Aussöhnung mit einem Verhalten, von dem wir bisher glaubten, es bekämpfen oder zumindest verändern zu müssen. Es wird nun akzeptiert, auch wenn zusätzliche Alternativen entwickelt werden. Die Versöhnungs-Physiologie ist häufig Ergebnis und Bestätigung eines gelungenen → Reframing, bei dem die Bedeutung eines Verhaltens oder seine Sinnhaftigkeit in spezifischen Situationen einsichtig wurde. Die Versöhnung ist im NLP von besonderer Bedeutung, weil eine bisher bekämpfte Verhaltensweise in ihrer positiven Absicht erkannt, gewürdigt und in das akzeptierte Repertoire der Persönlichkeit integriert werden kann.

Misch-Physiologien

Gelegentlich werden unter Misch-Physiologien auch Mischformen als nicht eindeutig zuzuordnende Zustände verstanden. Systemgerechter ist es jedoch, sie als Bestätigung für ein bewußtes Mischen anzusehen, wie es für eine konstruktive Veränderungsarbeit hilfreich sein kann. Verfügt jemand z. B. in einem bestimmten Zusammenhang über wertvolle Ressourcen, die ihm jedoch in der konkreten Problemstellung nicht bewußt und zugänglich sind, so kann die Lösung in einer entsprechenden Zusammenführung liegen. Der von außen als Misch-Physiologie erscheinende Problem-Ressourcen-Zustand spiegelt dann die erfolgreiche Integration wider: In der inneren Vorstellung werden die in anderen Zusammenhängen bereits erworbenen Fähigkeiten zur Bearbeitung der Problemstellung eingesetzt.

In der konkreten Anwendung kann es sinnvoll sein, besondere Ausprägungen eines Zustandes als eigenständige Physiologien zu erkennen und einzuordnen. Dies erlaubt dann eine differenziertere Beurteilung sowie eine spezifische und erfolgreichere Aktion.

Stuck-State: der blockierte Zustand

Eine besonders intensiv erlebte → Problem-Physiologie kann sich zu einem blockierten Zustand steigern, der auch als Stuck-State bezeichnet wird. Der Zugang zu unseren Fähigkeiten ist dann unterbrochen. Wir erinnern uns nicht an das, was wir gelernt haben. Je mehr wir uns anstrengen, desto weniger will es klappen. Die Gedanken drehen sich im Kreis. Nichts klappt mehr. Wir hängen fest, sind blockiert. Häufig ist die innere Reduktion auch mit einer Verengung der äußeren Wahrnehmung verbunden.

Neandertal-Effekt

Der Zustand einer besonderen Verengung der Wahrnehmung und der Verhaltensmöglichkeiten wird auch als Neandertal-Effekt bezeichnet. Die Bezeichnung erinnert daran, daß sich zu Urzeiten für den Überlebenskampf im Gehirn einfache Reiz-Reaktions-Muster gebildet haben, die es ermöglichten, sich schnell auf Gefahren einzustellen. Bei Bedrohung hieß die Verhaltensalternative «Angriff» oder «Flucht». Für die physische Auseinandersetzung wird die Energie in den Muskeln benötigt. Emotionen und der Ausstoß von Adrenalin etc. sorgen für die entsprechende Einstimmung des Körpers. Dies bedingt zugleich eine Reduktion des Energieverbrauchs überall dort, wo es vorübergehend möglich ist, beispielsweise bei der Durchblutung der Haut (blaß vor Schreck), der Verdauung (es ist ihm auf den Magen geschlagen) und leider auch beim abwägenden Denken im Großhirn, dessen Durchblutung deutlich verringert wird. Der Herzschlag kann sich dagegen erhöhen, und der Atem kann sich beschleunigen oder stocken. Die heutigen Probleme sind in diesem

Zustand meistens nicht zu bewältigen, so daß seine Auflösung anzustreben und die Überführung in einen schöpferischen Energiezustand – eine Ziel- oder Ressourcen-Physiologie – sinnvoll ist. Angriff zeigt sich heute oft in Wut, Ärger und Aggression, Flucht in Rückzug, Depression und Verweigerung. Diese besondere Form des eingeengten und blockierten Zustandes kann durch Situationen tatsächlicher oder eingebildeter Gefahren ausgelöst werden. Da es im Überlebenskampf sicherer war, Fremdem und Unbekanntem skeptisch zu begegnen und es als Gefahr einzuordnen, begegnen wir auch heute noch Neuem oft mit Vorbehalten.

Siebente-Himmel-Physiologie

Dies ist die Bezeichnung für einen von Freude, Glück und Erfolg erfüllten Zustand; wir fühlen uns wie im siebten Himmel. Bei der Weiterentwicklung von NLP-Techniken hat es sich als sinnvoll erwiesen, der Erarbeitung von Zielen einen Schritt vorzulagern. So wird beispielsweise die Annahme von Zielen oftmals durch Vorbehalte und Bedenken behindert. Wünsche können dabei eine unverbindliche Vorstufe zu den Zielen sein. Ein Märchen hat seine eigene Magie. Die → Als-ob-Methode erlaubt einen engeren Kontakt zu den eigenen Bedürfnissen, ohne durch zu frühzeitige Einbeziehung von Kritik und Realitätsüberprüfung die Bildung unserer Ziele zu blockieren. Eine andere Methode ist die → Schule des Wünschens, die von Thies-Stahl entwickelt wurde, der auch den Begriff «Siebente-Himmel-Physiologie» prägte. Durch diese eigenständige

Physiologie kann der erfolgreiche Abschluß des Vorgehens überprüft werden, unabhängig von einer späteren Zielbestimmung mit entsprechender Ziel-Physiologie.

Moment of Excellence

Dies ist ein besonders energie- und ressourcenvoller Zustand. Moment of Excellence ist der Moment im Leben, in dem einfach alles gelingt, mühelos und wie von selbst. In diesem Zustand steht die Person in Kontakt zu all ihrem Potential an Energie, Kraft, Ressourcen und Kreativität. Der Moment of Excellence wird in einer gleichnamigen Übung gefestigt und abrufbar gemacht. Das Erreichen dieses Zustands wird durch die Physiologie des Moment of Excellence angezeigt.

Trance-Physiologie

Als Trance wird im NLP ein durchaus fruchtbarer Zustand bezeichnet, in dem die Aufmerksamkeit nach innen gerichtet und der Kontakt zu Teilen des Unbewußten hergestellt ist, die sich uns normalerweise verschließen. Diese Teile des Unbewußten werden als Ratgeber aktiviert, und in begrenztem Maße ist auch eine bewußte Zusammenarbeit möglich. Nach Abschluß einer Trance-Intervention gilt die Körpersymmetrie als ein wesentliches Indiz, daß die innere Balance und die persönliche Integrität bewahrt oder sogar verbessert wurden.

Trance kann durch verschiedene Formen der → Meditation erreicht werden. Die gezielte Nutzung von

Trance-Zuständen kann auch in der → Hypnose erfolgen. In einer Reihe von NLP-Anwendungen wird die Trance als Moment der Besinnung und der Abstimmung mit dem Unbewußten eingesetzt. Weitere Anwendungsgebiete liegen beim → Öko-Check und beim → Reframing.

Innen- oder Außen-Orientierung

In der praktischen NLP-Anwendung hat es sich als hilfreich erwiesen, die sich im Prozeß markant zeigenden Zustände wahrzunehmen und zu überprüfen. Sie sind oft besonders intensive Ausprägungen der vier Grund-Physiologien.

Eine Wahrnehmungshilfe kann dabei sein, ob der Zugang zu den Ressourcen gewährleistet oder blockiert ist. In der konkreten Arbeit können noch weitere Differenzierungen notwendig werden. Sind die Wahrnehmung und Neuorientierung eher nach innen oder nach außen gerichtet? Wird verstärkt auf Erfahrungen und Gelerntes zurückgegriffen – wenn auch in einer neuen kreativen Kombination –, oder werden Informationen aus der aktuellen Situation gesammelt und überprüft?

Bei der Differenzierung in verschiedenen Physiologien geht es nicht um systematische Perfektionierung, sondern im Sinne des «so einfach wie möglich, so komplex wie nötig» um die Vielfalt, die notwendig ist, um in der konkreten Arbeit die erforderliche Orientierung und Übersicht zu gewinnen und zu behalten. Durch diese Differenzierung wird es möglich zu erkennen, in welchem Zustand sich unsere Partner (und wir selbst uns) befinden. Manchmal kann es sinnvoll sein, einen erkannten, im Moment jedoch nicht effektiven Zustand zu ändern. Dem dient der Separator.

Separator: die absichtliche Unterbrechung

Normalerweise wird ein neuer Zustand durch entsprechende äußere oder innere Wahrnehmungen ausgelöst und damit zugleich der bisherige abgelöst. Gelegentlich kann sich jedoch ein Zustand so verfestigen, daß er sich im Zusammenspiel mit einem entsprechend eingeengten Wahrnehmungsmuster stabilisiert. Gerade bei Problem-Physiologien kann es schwerfallen, sich neu zu orientieren, beispielsweise Zugang zum Ziel- oder Ressourcen-Zustand zu finden. Hier kann ein Separator ebenso helfen wie bei dem Versuch, jemanden aus dem «siebten Himmel» auf die Erde zu holen. Sowohl in der Selbststeuerung als auch im Coaching bzw. bei der therapeutischen Arbeit sind gezielte «Separator-Manöver» oft unbedingt notwendig. Sie führen dazu, daß wir bzw. der andere unseren Zustand ändern.

Der Separator ist ein plötzlicher Reiz, der das bisherige Wahrnehmungsmuster unterbricht und den Wechsel in einen anderen Zustand ermöglicht. Der Moment des Wechselns, der Zwischen-Zustand, ist der Separator-State. Die Neuorientierung kann nach außen, ins Hier und Jetzt, oder nach innen – möglicherweise über eine Trance – erfolgen. Der Reiz kann über alle fünf Sinneskanäle (→ Wahrnehmung) ausgelöst werden. Wer in der Selbststeuerung über ein entsprechendes Repertoire wirksamer Separatoren verfügt, ist in der Lage, negative Stimmungen und destruktive Zustände zu beenden. Manche nutzen diese Fähigkeit auch unbewußt: durch einen neuen Blickwinkel (z. B. Tapetenwechsel), entspannende Musik, durch Meditation, einen Spaziergang, sonstige körperliche Bewegung oder ein Bad, durch tiefes Durchatmen oder eine Tasse Kaffee, ein gemütliches Essen etc. Solche Rituale können Abstand schaffen und uns für Neues öffnen.

Im Umgang mit anderen kann eine plötzliche Bewegung, ein Schnippen mit den Fingern, eine abrupte Änderung der Stimmlage oder herausfordernde Fragen, das Handauflegen etc. ein Separator sein.

Kalibrieren: sich auf andere einstellen

Sich zu eichen, auf den anderen einzustellen, wird als «kalibrieren» bezeichnet. Das meint die Konzentration sinnesspezifischer Wahrnehmungen auf bestimmte, von außen identifizierbare Körpersignale, die in Relation zu  unserer Befindlichkeit wahrgenommen werden, damit sie später wiedererkannt werden können. Die Wahrnehmungen erfolgen im Zusammenhang mit bestimmten inneren Vorgängen, um später beim Wiedererkennen äußerer Signale Rückschlüsse auf die aktuelle Verfassung einer Person ziehen zu können. Kalibrieren schafft demnach gezielte Vergleichs- und Kontrollmöglichkeiten. Dem Therapeuten hilft das Kalibrieren bei der späteren Überprüfung, ob er mit seinen Interventionen den beim anderen angestrebten Zustand tatsächlich ausgelöst hat.

Kalibrieren geht von der Annahme des NLP aus, das Körper und Geist sich wechselseitig beeinflussen, so daß wir aufgrund körperlicher Signale auf den inneren Zustand schließen können, wenn wir uns ausreichend auf die betreffende Person eingestellt und durch Überprüfungen sichergestellt haben, daß wir keine eigenen Muster projizieren oder Erfahrungen bei Dritten auf den anderen übertragen.

Die grundsätzliche Vorgehensweise des Kalibrierens kann durch nachfolgende Wahrnehmungsübung geschult werden: durch das sogenannte Hellsehen oder Gedankenlesen, bei dem es sich natürlich nicht um eine mystische Übung handelt, sondern um das Training genauer Beobachtung und Zuordnung. Person B (oder mehrere Personen) bittet A, sich zunächst intensiv und mit allen Sinnen an eine sympathische Person zu erinnern. B beobachtet die Physiologie von A genau. Nun stellt sich A eine ihm unangenehme Person vor. Anschließend stellt B eine Reihe von Fragen an A, beispielsweise, welche der beiden Personen älter oder größer ist, wen er länger kennt etc. A gibt sich jeweils in Gedanken die Antwort, ohne sie verbal zu nennen. B versucht die Antwort selbst zu erkennen, indem er die Physiologie von A genau beobachtet. Je höher seine Trefferquote, um so erfolgreicher hat er sich kalibriert.

Eine Besonderheit ist die sogenannte *kalibrierende Schleife*, die sich zwischen zwei Personen entwickeln kann, insbesondere, wenn diese sich schon länger kennen und/oder intensiv zusammenleben. Dann kann die Einstellung auf den anderen bereits so intensiv und vollständig sein, daß sie unbewußt erfolgt und ein bestimm-

tes Verhalten auslöst, das wiederum (unbewußt) vom Partner wahrgenommen und mit einer entsprechenden Reaktion beantwortet wird etc.; es entsteht also eine Abfolge sich wiederholender Schritte. Solche konditionierten Verhaltensmuster sind oftmals leichter von außen als für die Beteiligten selbst erkennbar. Es entsteht also ein eingefahrenes Reiz-Reaktions-Muster, für dessen Start ein kleiner, nicht bewußt wahrgenommener Auslöser ausreicht. Das wird dann problematisch, wenn es zu einem unbefriedigenden Ablauf führt, zu einem Teufelskreis, den sich die Beteiligten selbst nicht erklären und dem sie sich nicht entziehen können. Bei Partnerarbeiten (→ Reanchoring Couples) können solche kalibrierenden Schleifen aufgedeckt und aufgelöst werden.

Tanz der Physiologien

Bewegungen, Gesten, Lachen, Kommentieren von Gegebenheiten etc., können sich zwischen Partnern in einer solch harmonischen Abfolge vollziehen, daß der gute Schwingungszustand erkennbar ist. Eine gelungene Kommunikation ähnelt einem gemeinsamen harmonischen Tanz. Deshalb wird sie auch als «Tanz der Physiologien» bezeichnet. Sie ist das Ergebnis eines guten → Rapports als Ergebnis eines gelungenen → Pacing, die im folgenden Kapitel behandelt werden.

Zeichen gelungener Kommunikation

6
Den Gleichklang zum Partner herstellen

Sind Partner einander zugewandt und in gutem Kontakt miteinander, so haben sie eine erfolgversprechende und tragfähige Basis für eine konstruktive Kommunikation. Es besteht eine Beziehung, in der sie sich offen und ohne Vorbehalte begegnen können. Befinden sich beide in einem kreativen Energiezustand (→ Ressourcen-Physiologie), so fühlen sie sich wohl, die Beziehung zueinander stimmt, und sie können Sachthemen konstruktiv und erfolgreich lösen. Es ist die Basis für das, was wir in der → Kommunikation als → Zwei-Gewinner-Lösung bezeichnen.

Wenn noch kein Bezug zum Partner gefunden, keine Resonanz ausgelöst wurde, ist das Verhältnis zueinander abwartend und verschlossen. Glaubt ein Partner gar, auf der Hut sein zu müssen, oder fühlt er sich eingeengt oder bedroht, werden seine Abwehrkräfte geweckt. Der → «Neandertaler» in ihm macht sich bereit für eine eventuelle Auseinandersetzung (Angriff) oder reagiert mit Ablehnung und innerem Rückzug (Flucht). Jeder agiert für sich, statt eine Gemeinsamkeit, etwas Verbindendes, zu suchen und zu finden. Im frühen Überlebenskampf war es sinnvoll, Fremdem und Unbekanntem so lange mit Vorsicht zu begegnen, bis klar war, daß keine Gefahr von ihm ausging. Auch heute wird Neuem und Ungewohntem emotional meist mit Zurückhaltung begegnet.

Bekanntes, Vertrautes schafft hingegen Vertrauen. Es fördert das Zusammengehörigkeitsgefühl. Diese Zusammenhänge werden den Gesprächspartnern oft nicht bewußt. NLP verhilft zu mehr Bewußtheit über die Interaktion zwischen Menschen.

Bandler und Grinder haben herausgefunden, wie es kommunikativ besonders begabten Persönlichkeiten in verschiedensten Situationen gelingt, schnell einen guten Kontakt zu ihrem Gegenüber aufzubauen. Diese Kommunikationstalente beachten die Eigenheiten ihrer Partner, übernehmen sie und schaffen dadurch eine Gemeinsamkeit, aus der sich eine von gegenseitiger Achtung und gegenseitigem Vertrauen getragene Beziehung entwickelt. Die modellhafte Darstellung in NLP-Strukturen erleichtert es, den Prozeß und die Wirkungszusammenhänge zu erkennen. Dies wiederum schafft die Möglichkeit, das eigene Kommunikationsverhalten bewußter und erfolgreicher zu gestalten. Die Elemente sind:

Gemeinsamkeiten schaffen Vertrauen

- ▪ **Rapport,**

- ▪ **Pacing, der Weg zu einem guten Rapport,**

- ▪ **Leading, mit dem, von der Basis ausgehend, zielorientiert weitergeführt werden kann.**

Rapport

Rapport ist der Begriff für eine tragfähige Beziehung zwischen interagierenden Menschen, die durch gegenseitige Achtung und Vertrauen gekennzeichnet ist. Er umschreibt die positive Basis für eine konstruktive Kommunikation. Rapport haben heißt, den Kontakt zum anderen gefunden zu haben. Der Volksmund sagt: «Die haben einen guten Draht zueinander.»

Einen guten Draht finden, läßt sich mit dem Aufbau einer Verbindung beim Telefonieren vergleichen. Keiner käme auf die Idee zu sprechen, wenn der andere noch nicht am Apparat ist. Wenn Rapport geschaffen wurde, können die Partner sinnvoll und konstruktiv miteinander weitergehen. Im NLP wird ein guter Rapport oft mit einem Tanz verglichen. Die Bewegung des Partners wird beachtet und aufgenommen, die eigene Bewegung angepaßt und der Rhythmus gewahrt. Ist der Tanz gekonnt, wirkt er leicht und beschwingt. Der Partner läßt sich gern führen. Die Erinnerung an die Tanzschule zeigt, daß es nur wenige Naturtalente gab. Bei manchen klappte es nicht sofort, aber durch Einfühlungsvermögen und Üben haben sie es dennoch gelernt. Die Kommunikationsfähigkeit läßt sich ebenfalls durch Bewußtheit und Übung erweitern. Ein gelungener Rapport zeigt sich beispielsweise im harmonischen Gleichklang der Bewegungen, der Körperhaltung, der Mimik oder auch der Sprechweise, dem gemeinsamen Lachen und allen Ausdrucksformen des Sich-Verstehens. Bei Partnern, die miteinander alt geworden sind, oder auch bei frischverliebten Paaren können wir diesen gemeinsa-

Guter Rapport führt zu harmonischer Kommunikation

men Rhythmus oft erkennen. Er wird von einem ressourcenvollen, offenen und vertrauensvollen Gesichtsausdruck begleitet (→ Tanz der Physiologien).

Auch im Orchester werden zuerst die Instrumente gestimmt, bevor das eigentliche Spiel beginnt. Wer verstimmt ist, hat keine Resonanz für gute Töne. Im Rapport sind die Partner aufeinander eingestimmt. Die innere Einstellung zueinander ist von tragender Bedeutung. Oftmals gelingt der gute Kontakt zu anderen spontan und ohne großes Nachdenken. Wenn er schwieriger ist oder länger dauert, hilft es, sich die Situation bewußt zu machen und seine Fähigkeiten zu mobilisieren, konstruktiv und respektvoll mit dem Partner eine Basis für positive Interaktionen zu schaffen. Dieser Weg zum Rapport wird im NLP Pacing genannt.

Pacing

Pacing ist der Aufbau einer positiven Beziehung durch Einstimmen auf den Partner. Zum einen beinhaltet es, den anderen in seinem Verhalten und seiner Befindlichkeit wahrzunehmen, möglichst mit all unseren Sinnen (→ Wahrnehmung). Je mehr die Sinneskanäle aktiviert werden, um so größer ist die Chance, einander wirklich zu erreichen.

Sodann wird das eigene Verhalten im Kontakt zu den Schwingungen des Partners angeglichen, um einen guten Rapport aufzubauen. Derjenige, der paced, ergreift die Initiative und übernimmt die Verantwortung für eine konstruktive Gesprächsatmosphäre, ohne daß es dazu einer Verabredung bedarf – zumeist spürt der

Partner lediglich die positive Atmosphäre, ohne das Pacing selbst bewußt zu bemerken.

Verbales Angleichen (→ Zugangshinweise) bedeutet, auf die Wortwahl, die Art der Beispiele und Vergleiche des anderen einzugehen. Damit erfolgt ein Einstimmen auf das beim Partner zumindest zur Zeit dominierende → Repräsentations-System. Er ist dadurch leichter und direkter erreichbar. Verbales Angleichen signalisiert: Wir verstehen uns, wir sind im Einklang. Dazu gehört auch das Beachten des Sprechtempos, des Tonfalls, der Stimmlage, der Lautstärke und des Timbres des Partners.

Beim non-verbalen Angleichen geht es nicht um das gesprochene Wort, sondern → visuelle und → kinästhetische Wahrnehmungen und Verhaltensweisen stehen im Vordergrund. Bewegungen, Körperhaltungen, Mimik des Partners werden möglichst detailliert und genau wahrgenommen und in respektvoller Weise übernommen, und zwar so weit, wie es für die eigene → Kongruenz verträglich ist, d. h. im Einklang mit der eigenen Persönlichkeit bleibt. Gestik und Mimik werden mehr und mehr angeglichen, es entsteht ein synchronisiertes Bild, das die Überzeugung wachsen läßt: Wir haben ein gemeinsames Weltbild. Das Eingehen auf die Körperhaltung und Mimik des Partners erleichtert es zudem, auch dessen gefühlsmäßige Verfassung besser zu verstehen.

Im Pacing werden durch das Beachten von Gemeinsamkeiten und das Begleiten des Partners in seinen Denk- und Wahrnehmungsweisen Brücken zum anderen gebaut. Die tragfähigen Pfeiler dieser Brücken sind das Eingehen auf die Sichtweise, Sprache, Bilder, Metaphern, Gefühle und Werte des Gesprächspartners. Je sorgfältiger die Brücke gebaut wurde, desto tragfähiger ist sie. Wenn sie stabil ist, können auch schwerere Lasten über sie befördert werden. In der Kommunikation bedeutet dies, daß bei einer konstruktiven Beziehung auch Meinungsunterschiede zielorientiert und in gegenseitigem Respekt behandelt werden können. Notwendig ist jedoch, daß die Brücke auch tatsächlich zum Partner führt. Durch das zuvor genannte verbale und non-verbale Angleichen wird der andere dort abgeholt, wo er gerade ist. Und dort ist er auch am wirkungsvollsten zu erreichen.

Im Pacing werden Brücken zum anderen gebaut

Manche Menschen haben am Anfang Bedenken gegen diese bewußte Art, Kontakt zu schaffen. Gelegentlich wird auch von → Manipulation gesprochen. Dies wäre aber nur dann berechtigt, wenn Pacing als reine Technik verstanden werden würde, ohne die innere Einstimmung auf das Gegenüber. Pacing ist aber auch: Ich bemühe mich, dich zu verstehen, auf dich einzugehen, deine Sprache zu sprechen, dich wichtig zu nehmen. Pacing bedeutet, wir bemühen uns, die Sprache des anderen zu verstehen und zu sprechen. Darin drückt sich Akzeptanz und Wertschätzung aus.

In der deutschsprachigen Literatur wird sowohl die ursprüngliche Bezeichnung «Pacing» verwendet als auch sinnverwandte Übersetzungen wie spiegeln, begleiten, sich einschwingen/einstimmen etc.

Steht die Brücke zwischen den Partnern, so kann auch über sie weitergegangen werden.

Leading

Das deutsche Wort für «Leading» ist «führen». Dies kann durch Fragen, Anweisungen, Aufforderungen oder durch subtilere Techniken erfolgen. Im NLP wird es als ein gelungenes Leading angesehen, wenn wir den anderen bei dem, was wir tun, mitnehmen und er uns dabei folgt. Führen auf der Basis eines guten Rapports wird, wie bereits erwähnt, mit der Metapher des Tanzens verglichen: Der Führende stellt sich so auf seinen Partner ein, daß eine gemeinsame Aktion entsteht.

Ein konstruktives Leading setzt also ein erfolgreiches Pacing voraus. Erst wenn der Rapport geschaffen ist, kann mit dem Leading begonnen werden. Dies ist auch im Gespräch wertvoll, wenn von der Einstimmungsphase zum Gesprächsgegenstand gewechselt wird. Rapport und Pacing gehen davon aus, daß der Gleichklang zwischen den Partnern für die gute Beziehung in der Kommunikation förderlich ist. Er soll im Leading erhalten bleiben. Ob die gegenseitige Einschwingung schon tragfähig genug ist, kann durch kleine Manöver überprüft werden: Die Person, die sich zunächst im Pacing an den anderen angepaßt hat, beispielsweise durch Angleichung der Sitzhaltung, kann nun dazu übergehen, diese leicht zu verändern; folgt der Partner diesen Bewegungen, so ist dies ein Signal für die geschaffene Übereinstimmung. Folgt der Partner der Veränderung nicht – läßt sich also nicht entsprechend «führen» –, so sollte dies als Zeichen bewertet werden, zunächst durch weiteres Pacing zu einem besseren Rapport zu kommen.

Auch während des Leadings kann durch aufmerksame Wahrnehmung darauf geachtet werden, ob der Rapport verlorengeht. Dann ist es wichtig, zum Pacing zurückzukehren. Entstehender → Widerstand kann für den Agierenden zudem ein Hinweis sein, → Flexibilität zu entwickeln und seine Verhaltensweisen zu variieren. Durch vorheriges → Kalibrieren ist es möglich, sich so auf den Partner einzustellen, daß während des Leading erkannt werden kann, wenn der gewünschte Zustand nicht aktiviert wurde.

Oftmals besteht die irrtümliche Auffassung, auf ein vorausgehendes Pacing verzichten zu können, z. B. wenn man sich schon kennt oder bei früheren Gesprächen einen guten Kontakt hatte. Es ist jedoch ratsam, auch in diesen Fällen zu überprüfen, ob der Rapport gegeben ist. Die aktuelle Situation kann den Partner in einen anderen Zustand versetzt haben, so daß er nicht mit uns schwingt. Ein entsprechendes Pacing ist also sinnvoll, bevor mit dem Leading, dem eigentlichen Anliegen, begonnen werden kann: Erst, wenn die Brücke steht, kann sie auch benutzt und der Partner erreicht werden.

Zwei-Gewinner-Lösung

Die Zwei-Gewinner-Lösung ist das konstruktive Ergebnis einer gelungenen → Kommunikation, mit dem beide Gesprächspartner zufrieden sind. Dies gilt auch für Konfliktsituationen. Im Gegensatz dazu stehen der faule Kompromiß, das halbherzige Einlenken oder die einseitige Dominanz eines Partners. Bei der Zwei-Ge-

winner-Lösung wird der Konflikt nicht als etwas Trennendes betrachtet, sondern als gemeinsame Herausforderung angenommen. Im Eingehen auf den anderen, bei Akzeptanz der unterschiedlichen Standpunkte und Ziele, wird nach Übereinstimmungen gesucht, um gemeinsame → Ziele zu entwickeln und nach kreativen Wegen zu suchen. Energien werden also nicht im Gegeneinander verbraucht, sondern zur konstruktiven Lösung eingesetzt. Die Technik des → Verhandlungs-Modells kann eine Zwei-Gewinner-Lösung unterstützen. In der Kommunikation – beispielsweise auch bei Interessenvertretungen, Verkaufsgesprächen und sonstigen Verhandlungen etc. – ebnet der respektvolle Umgang mit den Partnern, der durch Pacing und Leading umgesetzt werden kann, den Weg zur Zwei-Gewinner-Lösung.

Fragen

Ein alter Spruch besagt: «Wer fragt, führt», und auch: «Die beste Antwort der erhält, der die richt'ge Frage stellt». Auch bei den NLP-Anwendungen ist Fragen eine Kunst, die prozeß- und zielorientiert eingesetzt werden soll. Durch zweckentsprechende Fragen kann man die benötigten Informationen erhalten. Zugleich wird damit der Denkvorgang des Partners gelenkt. Darüber hinaus kann das Thema gesetzt werden, das den weiteren Gesprächsverlauf steuert. Der Partner wird aktiv einbezogen. Und Fragen zeigen auch Interesse und wecken Sympathie. Durch intelligente Fragen wird das Gespräch fokussiert.

Zur guten Fragetechnik gehört das aufmerksame Zuhören. So ist es u. U. sinnvoll, die durch die Antwort eingeschlagene Richtung weiterzuverfolgen oder zusätzliche Aspekte zu erschließen. Macht beispielsweise die Antwort – eventuell ergänzt durch eine entsprechende Augenstellung – deutlich, daß Informationen nur aus einer Repräsentationsebene gegeben werden, so können durch gezielte Fragen auch die anderen Ebenen aktiviert (→ Wahrnehmung) und die Informationen durch Abfragen der → Submodalitäten konkretisiert werden. Vielfach verhelfen dem Partner allein die Fragen zu einer umfassenderen Vorstellung.

Wer fragt, der führt!

Für den weiteren Verlauf der Kommunikation ist es wesentlich, inwieweit die Partner mit dem Gesagten ähnliche Vorstellungen und Inhalte verbinden.

Tiefen- und Oberflächenstruktur

Die über die Sinneswahrnehmungen von der Außenwelt aufgenommenen Eindrücke und die entsprechend abgespeicherten Erfahrungen werden in der Linguistik als «Tiefenstruktur» bezeichnet. In der Verbalisierung entsteht ein reduziertes Abbild der Tiefenstruktur, die «Oberflächenstruktur». Oft unterliegt sie durch das Denken und psychologische Prozesse einer zusätzlichen Umformung. Es können Umdeutungen erfolgt sein, indem beispielsweise unangenehme Erlebnisse geschönt, verdrängt oder schlicht ausgeblendet werden. Bei der Transformation von der Tiefen- auf die Oberflächenstruktur gehen fast zwangsläufig Informationen verloren.

In der Kommunikation werden Botschaften auf der Oberflächenstruktur ausgetauscht, zumeist in der stillschweigenden Erwartung, daß die Partner damit ähnliche Assoziationen verbinden. Ist das jedoch nicht der Fall, kann es zu Informationsverlust, möglicherweise sogar zu Mißverständnissen kommen. Sind die aus der sprachlichen Repräsentation der Oberflächenstruktur übermittelten Botschaften zu ergänzungs- oder interpretationsbedürftig, so erfolgt die notwendige «Übersetzung» beim Empfänger entsprechend seiner Tiefenstruktur in aller Regel unbewußt. Die → innere Landkarte von Sender und Empfänger weichen oft erheblich voneinander ab. Der geübte Kommunikator versucht also, die fehlenden Informationen durch gezieltes Nachfragen zu erhalten.

Normalerweise ist auch dem Sender die Reduktion nicht bewußt, so daß mit seiner eingeschränkten Wahrnehmung üblicherweise auch eine Einschränkung seiner Handlungsalternativen (mangelnde → Flexibilität) verbunden ist. Das Problem liegt auch bei ihm oft in dieser Reduktion, die manchmal bereits durch gutes Nachfragen aufgelöst werden kann.

Nachfolgend sind sechs typische Ausdrucksweisen aufgeführt, die Nachfragen sinnvoll erscheinen lassen.

Generalisierungen

Verallgemeinerungen werden signalisiert durch Wörter wie: immer, alle, jeder, nie, nirgends, keiner. Der Vorteil solcher Generalisierungen liegt darin, daß nicht immer wieder neue Entscheidungen getroffen werden müssen, sondern sie üblicherweise mit einem festen Verhaltensmuster gekoppelt sind. Nachteilig ist, daß eine differenzierte Wahrnehmung des konkreten Vorgangs unterbleibt («das kenne ich ja schon») und damit auch neue Chancen und zusätzliche Verhaltensalternativen unerkannt bleiben. Das Nachfragen könnte beispielsweise wie folgt ablaufen:

«Keiner interessiert sich für meine Meinung.»

«Noch nie hat Sie jemand nach Ihrer Ansicht gefragt?»

«Doch – schon ...»

Nun kann genauer nachgefragt werden, wann, wie, bei welchem Anlaß, wer etc. Damit öffnet sich der Blick für die oftmals entscheidenden Unterschiede.

Ähnliches gilt auch bei den Generalisierungen, die Einzelfälle zu einer Gesamtheit zusammenfassen. Solche Klassifizierungen unterstützen oft die Übersichtlichkeit: «Menschen sind nun einmal so.»

Wirklich alle? Wer hat wann wie genau zu dieser generalisierenden Erfahrung beigetragen?

Nominalisierungen

Aus Tätigkeitswörtern werden oft abstrakte Hauptwörter gebildet, z. B.: hoffen – Hoffnung, irren – Irrtum. Durch diese abstrakten Nominalisierungen wird der Handlungsfluß einer Tätigkeit verfestigt, oftmals geht dadurch die Erkenntnis verloren, daß das Ereignis prozeßorientiert ist und verändert werden kann. «Ich habe keine großen Hoffnungen», hieße sich z. B. auflösen in: «Von wem würde ich mir etwas erhoffen?»

Tilgungen und nicht spezifizierte Verben

Eine Aussage kann zu viele Interpretationen zulassen oder zu ungenau sein, um die tatsächlich zugrundeliegende Erfahrung erkennen zu können. Es liegt im Wesen der Konzentration, zu abstrahieren und andere Bereiche auszuschließen. Die ausgelassenen Informationen bedeuten jedoch auch eine Reduktion der Erfahrungsanteile und möglicherweise des Lösungspotentials. Eine Tilgung liegt vor, wenn wesentliche Details zur konstruktiven Bearbeitung des anstehenden Themas ausgeblendet wurden.

« Ich bin beunruhigt. »

Wer oder was beunruhigt Sie? Seit wann sind Sie unruhig? Was würde Ihre Unruhe beenden oder mildern? Wie zeigt sich Ihre Unruhe etc.?

« Das finde ich passender. »

Passender als was, wofür, in welchem Zusammenhang etc.?

« Bedauerlicherweise wird oft zu leichtgläubig gehandelt. »

Bedauerlich für wen? In welchem Sinne? Worin zeigt sich der Leichtsinn? Wann wäre es nicht mehr zu leichtsinnig etc.?

Ähnliches Nachfragen kann sich ergeben bei Aussagen wie: ich muß, man sollte, notwendigerweise etc. Wer hat das so bestimmt? Was würde passieren, wenn es nicht so geschähe?

Verzerrungen

«X macht mich krank, ungeduldig, ärgerlich ...»
Wie schafft es X, daß Sie sich so fühlen? Was würden
Sie denken, fühlen ..., wenn X nicht so wäre?

Verzerrungen führen dazu, daß jemand einen bestimmten Zustand in sich aktiviert, so als würde das
Verhalten des anderen ihm keine anderen Möglichkeiten erlauben. Die Verzerrung schafft hier einen kausa-
len Zusammenhang, der so gut wie nie besteht. Damit
wird die Eigenverantwortung verdrängt, und mögliche
Chancen werden ausgeblendet.

Unterstellungen

Nicht weiter überprüfte Annahmen werden als Unter-
stellungen bezeichnet. Auch hier werden Wahrneh-
mungs- und Handlungsfähigkeiten des Betreffenden begrenzt. Durch weiteres Hinterfragen können die
zugrundeliegenden Erfahrungen jedoch – zumindest
teilweise – bewußt gemacht werden, was oft schon zu
einer differenzierteren Betrachtung und Einschätzung
führt, ähnlich wie bei der Auflösung von Verallgemeinerungen.

Gedankenlesen

Auch hier geht es um Annahmen, jedoch auch um solche, die jemand aufgrund fehlender Informationen über
die inneren Prozesse eines anderen durch Interpretation
entwickelt. Die Neigung zum Gedankenlesen – die man

auch als Spekulation bezeichnen kann – kommt häufig vor. Sie ist deshalb so problematisch, weil anstelle fehlender Informationen die eigene Schlußfolgerung als Erfahrung genommen wird. Auch hier kann genaues Nachfragen helfen zu erkennen, welcher Teil erfahren und welcher interpretiert wurde. Zumeist zeigt sich, daß die Wahrnehmung auch andere Auslegungen zuläßt. Genauere und zusätzliche Informationen auf den verschiedenen Sinneskanälen führen zu einem zuverlässigeren Bild. Die als «Gedankenlesen» bezeichnete Interpretation ist nicht zu verwechseln mit der Übung «Hellsehen» («Gedankenlesen») zur genauen Wahrnehmung von Physiologien im Zusammenhang mit dem → Kalibrieren.

7

Ziele erreichen und Wünsche verwirklichen

Einen Großteil seines Erfolges verdankt NLP seiner konsequent zielorientierten Vorgehensweise. Der Zielbestimmung kommt eine große Bedeutung zu. Bei mangelnder Zielklarheit fehlt unserem Handeln die Richtung, an der sich der Ressourcen-Einsatz dem jeweiligen → Kontext entsprechend ausrichten kann. «Für denjenigen, der den Hafen nicht kennt, in den er segeln will, für den ist kein Wind ein günstiger» (Seneca).

Unsere Ziele können durch weit zurückliegende Erlebnisse und frühentwickelte Glaubenssätze beeinflußt sein, die in gegenwärtigen Situationen als problematisch und veränderungswürdig erscheinen. Ziele haben also bereits in ihrer Entstehung eine Geschichte. Als gedankliche Vorwegnahme beeinflussen sie künftige Entwicklungen; Zuversicht hängt u. a. von früheren Erfahrungen ab. Die Handlungen in der Gegenwart werden durch die Erwartungen für die Zukunft und das in der Vergangenheit Gelernte mitbestimmt. Veränderungsarbeit geschieht also nicht losgelöst von der Zeit.

Die Bereitschaft, uns Ziele zu setzen und für ihre Erreichung zu engagieren, wird zudem erheblich von der

Stärke unseres Wunsches sowie unserer Kraft und Energie mitbestimmt. Sie sind die Triebkräfte für unseren Erfolg.

Libido

Libido ist ein anderes Wort für Lebensenergie. Sie ist die Quelle der Kreativität und setzt schöpferische Kräfte frei. Sie weckt Lust und Leidenschaft. Heute wird sie meist wesentlich umfassender verstanden als bei Freud, der sie im engen Zusammenhang zur Sexualität sah. Die Bedeutung der Libido für die NLP-Arbeit und insbesondere für die Zielfindung wird durch einen Ausspruch von Richard Bandler deutlich: «Machen Sie Ihre Ziele unwiderstehlich! Finden Sie heraus, was Sie wirklich begeistern würde! Was müßte passieren, damit Ihr Unbewußtes Lust bekommt, das Ziel zu realisieren? Was würde Sie dabei am meisten motivieren?»

Was wir gerne tun, fällt uns leicht. Der Einklang mit unserer Lebensenergie, die libidinöse Ausrichtung unserer Ziele, stellt sicher, daß unsere Entscheidungen nicht nur kognitiv und bewußt getroffen, sondern auch von unserem Unbewußten unterstützt werden. Wir nutzen den Fluß der Libido-Energie, und – so paradox es klingen mag – uns stehen dabei mehr Energiequellen zur Verfügung. Gleichzeitig benötigen wir weniger Einsatz, um unsere Ziele zu erreichen, da keine Kräfte im Widerstreit der Wünsche vergeudet werden.

«Wenn du ein Schiff bauen willst, dann unterweise die Menschen nicht zuerst, mit Holz und Nägeln umzugehen, sondern lehre sie die Sehnsucht nach dem weiten Meer.» Diese alte Weisheit beschreibt, daß am Anfang der Wunsch steht. Mancher Wünsche sind wir uns bewußt, viele wirken im Unbewußten. Gelegentlich gelten Wünsche als Synonym für etwas Unerreichbares: «Davon kann man nur träumen.» Mit solchen einschränkenden Glaubenssätzen geben wir ihnen dann noch nicht einmal die Chance der Verwirklichung.

Wünsche setzen magische Kräfte frei

Uns unserer Wünsche bewußt zu werden ermöglicht uns, sie zu unseren Zielen zu machen und dabei gleichzeitig in Einklang mit unserer Lebensenergie zu bringen. Die → Siebente-Himmel-Physiologie ist bewußt auslösbar und kann konstruktiv genutzt werden, um den Kontakt zu unseren Sehnsüchten und Wünschen herzustellen. Was wollen wir wirklich? Wofür können wir uns begeistern? Oftmals erfordert die reale Situation Zugeständnisse, aber wir sollten nicht zusätzlich einengende Barrieren in unserem Denken setzen.

Auch in Tagträumen, Trance, kreativer und spielerischer Phantasie etc. können wir uns auf unsere Wünsche besinnen. Manchmal fallen uns dann Kindheitsträume wieder ein, und wir können überprüfen, ob sie für uns auch heute noch erstrebenswert sind. Nicht jeder Wunsch muß für uns stimmig sein, vielleicht ist er nur aus einem äußeren Reiz heraus entstanden: Er ist reizvoll, aber nicht unser wirkliches Anliegen. Ist er auch libidinös besetzt? Hier zeigt sich wiederum der ganzheitliche Ansatz von NLP. Der → Öko-Check zum Abschluß einer neuen Zielfindung oder Veränderungsarbeit im NLP hilft bei einer Klärung.

Eine kleine Geschichte berichtet von drei Freunden, die auf einer Seereise schiffsbrüchig werden und auf einer Insel stranden. Nach einigen Wochen finden sie eine Flasche, aus der ein Geist entsteigt, der ihnen drei Wünsche freigibt. Der erste wünscht sich zurück zu seiner Familie – und schon ist der Wunsch erfüllt. Es bleiben noch zwei zurück. Der nächste wünscht sich zurück in seine Werkstatt – auch dieser Wunsch geht in Erfüllung. Als der dritte sieht, wie er einsam zurückbleibt, wünscht er, die beiden wären wieder da – auch der dritte und letzte Wunsch erfüllt sich, und sie sind zu dritt wieder zusammen auf der Insel. Diese Metapher illustriert, daß unsere Wünsche nicht zwangsläufig harmonisch zusammenwirken müssen, sondern die verschiedenen Teile in uns unterschiedliche Absichten verfolgen, gelegentlich unabhängig voneinander und unkoordiniert. Durch die Bewußtwerdung können wir eventuelle Widersprüche aufdecken und sinnvolle Ziele entwickeln.

Ziele

Aus Wünschen können Ziele werden. Je intensiver der Wunsch, um so stärker die Motivation dazu. Hinzu kommt die Zuversicht: Sind wir überzeugt, das Ziel erreichen zu können? Halten wir es für realistisch? Schließlich gibt es noch die Frage nach unserem Glauben: Steht uns dieser Wunsch zu, bzw. können wir uns selbst die Erlaubnis dazu geben? Stimmt alles überein, ist die nach Verwirklichung strebende Kraft am größten; Zweifel bei einem Aspekt führen zur Minderung.

Über die Magie der Wünsche haben wir bereits im vorigen Abschnitt gesprochen. Für die konkrete Zielarbeit kommt noch die Überprüfung hinzu, ob wir uns der Tragweite eines Wunsches auch bewußt sind. Oder anders ausgedrückt: Sind wir bereit, die damit verbundenen Konsequenzen zu akzeptieren? Denn: «Man kann nicht nur die eine Seite einer Münze erwerben.»

Zuversicht entsteht, wenn uns Handlungsmöglichkeiten zur Verfügung stehen. Oft ist Verzagtheit das Ergebnis einer mangelnden → Flexibilität. Wir erkennen keinen Weg zur Zielerreichung und denken nur in eine Richtung, die in die Sackgasse führt. Das Aufzeigen weiterer Alternativen und → Wahlmöglichkeiten, z. B. durch → Reframing, kann zum Ausweg und zur Bejahung des Ziels führen.

Der Glaube ist eine Frage unserer → Wertsysteme (z. B. «So was tut man doch nicht»). Sie können ein wertvolles Regulativ sein. Manchmal führen sie jedoch auch zu störenden Einengungen. In diesem Sinne gilt der Satz: «Die Freiheit beginnt im Kopf.» Ein Zugang ist hier die Arbeit mit → Meta-Programmen.

Ein weiterer Anlaß zur Suche nach Zielen können Probleme sein; sozusagen als Vorstufe der Wünsche. Wir sind beispielsweise mit unserem Verhalten oder einer Situation unzufrieden, wissen aber nicht, was wir verändern können. Verharren wir in diesem Zustand (→ Problem-Physiologie), so sind wir vom Problem ebenso blockiert wie das Kaninchen von der Schlange.

Der Wechsel in die → Ziel-Physiologie führt zur Lösungsorientierung. Daher hat die Klärung des Themas so eine große Bedeutung. Sie soll in der NLP-Arbeit möglichst schnell aus der Problem-Physiologie heraus in die Ziel- und in die → Ressourcen-Physiologie führen, um Lösungen zu entwickeln: Was (Ziel) will ich tun, und mit welchen Mitteln (Ressourcen) werde ich es erreichen?

Üblicherweise haben wir eine Vielzahl von Zielen, die wir bewußt oder unbewußt und mehr oder weniger intensiv verfolgen. Dabei können die Ziele in unterschiedlichem Verhältnis zueinander stehen. Einige ergänzen und unterstützen sich, sie sind komplementär zueinander: z. B. schwimmen gehen und etwas für die Gesundheit tun. Andere sind neutral (indifferent) zueinander: etwas für die Gesundheit tun und ein Buch lesen wollen. Ziele können jedoch auch in Konkurrenz zueinander stehen, sich gegenseitig ausschließen oder behindern: richtig schlemmen und etwas für die Gesundheit tun. Oder: sparen und eine Weltreise unternehmen. Der Prozeß der Zielfindung bedarf daher im NLP besonderer Sorgfalt, weil das Verhältnis zu anderen Zielen und mögliche Zielkonflikte beachtet werden müssen.

Achtung: Zielkonflikte!

Zielkonflikte bestehen zum einen bei konkurrierenden Zielen. Sie können sich jedoch auch bei neutralen und sogar bei komplementären Zielen ergeben, wenn sie zur gleichen Zeit stattfinden sollen und/oder die gleichen, aber begrenzt verfügbaren Ressourcen benötigen: Ein Buch kaufen und essen gehen schließt sich grundsätzlich nicht aus, es ist aber nicht beides zur selben Zeit möglich, oder es steht nur für eines Geld zur

Verfügung. Bei Zielkonflikten müssen wir Prioritäten setzen. Wir müssen nach ihrer Bedeutung für uns fragen und/oder den zeitlichen Aspekt (z. B. was geht nur jetzt, und was könnte auch warten?) beachten. Oftmals hilft hier die Besinnung auf übergeordnete Ziele, die sich aus unseren → Glaubenssätzen und → Meta-Programmen ergeben können.

Wir können also von einem Ziel-Szenario sprechen. Damit ist die Gesamtheit der Ziele und ihr wechselseitiges Zusammenwirken beschrieben. Vielfach lautet die entscheidende Frage nicht «ja» oder «nein», sondern «wann», «in was für einem Ausmaß», «in welcher Situation» etc. Zielklarheit soll uns helfen, sowohl die Nebenbedingungen als auch die für die Verwirklichung notwendigen Ressourcen sowie die mit der Zielerreichung verbundenen Konsequenzen zu erkennen.

Wohlgeformte Ziele

Um den an die Zielbestimmung gestellten Anforderungen gerecht zu werden, müssen bestimmte Merkmale erfüllt sein, die auch in der Zielformulierung deutlich werden. Für die Beachtung dieser Kriterien hat sich im NLP der Begriff «Wohlgeformtheit» bzw. «wohlgeformte Ziele» herausgebildet, nicht zuletzt aus der Arbeit mit dem → PeneTRANCE-Modell. Die Beachtung dieser Aspekte im Prozeß der Zielfindung gibt eine Orientierung und bei der jeweiligen Überprüfung auch Anregungen zu weiteren → Fragen. Neue Erkenntnisse können es manchmal erforderlich machen, auf einen bereits abgehandelten Punkt zurückzukommen. Die Reihenfolge sollte als Hilfe und nicht als Dogma verstanden werden. Bei der Weiterentwicklung des NLP haben sich bei den verschiedenen Richtungen Variationen in der Struktur ergeben, die aber inhaltlich nicht zu Widersprüchen führen. Nachfolgend die Darstellung der Kriterien.

■ **Formulieren Sie positiv und ergebnisorientiert:** Problemorientiert wissen wir bestenfalls, was wir nicht wollen. Aber dies genügt nicht, um auch unsere unbewußten Energien zu aktivieren. Eine Metapher kann dies verdeutlichen: Wenn Sie beim Ober «keinen Kaffee bitte» bestellen, weiß er nicht, was er Ihnen bringen soll. Wahrscheinlich ist er irritiert, und seine Antwort wäre bestenfalls: «Ich komme noch einmal wieder, wenn Sie sich entschieden haben. Hier ist die Karte, aus der Sie auswählen können, was Sie möchten.» Vielleicht hat er das «nicht» aber auch überhört und bringt Ihnen einen Kaffee. Das Mißverständnis ist entstanden, weil er ähnlich reagiert hat wie unser Unbewußtes: Der Begriff wird zunächst wörtlich genommen, und erst dann kommt es zur Negation. Sie kann, wie beim Ober, leicht vergessen werden. Ein wohlgeformtes Ziel soll möglichst positiv und präzise formuliert sein, z. B.: «Ich möchte einen schwarzen ostfriesischen Tee mit Zucker und Milch.»

Auch Vergleiche wirken ähnlich wie Negationen, weil sich die Vorstellung auch hier zunächst auf das bezieht, was nicht sein soll. Schon Freud stellte fest, daß sogenannte Primärprozesse keine Negation kennen.

Das als nicht gewollt Genannte wird zum Zielbild und kann die eigentliche Absicht sabotieren.

■ **Formulieren Sie konkret und sinnesspezifisch:** Je anschaulicher, aussagefähiger, lebendiger, griffiger und blumiger die Zielformulierung, um so intensiver und umfassender werden die Sinnessysteme angesprochen. Damit erhöhen sich die Chancen, daß die Zielbeschreibung auch wirklich wahrgenommen wird. Und es steigt die Möglichkeit, bei der Umsetzung Erfahrungen aus den verschiedenen → Repräsentationssystemen zu nutzen. Bei Beratungen gibt dies zusätzlich Gelegenheit, sich auf den Gesprächspartner zu → kalibrieren.

■ **Zielüberprüfung:** Nachdem beschrieben wurde, was sein wird, wenn das Ziel erreicht ist, kann überprüft werden, was sich damit gegenüber heute verändert haben wird. Woran werden Sie bemerken, daß Sie Ihr Ziel erreicht haben? Hier kann es helfen, darauf zu achten, ob tatsächlich die → Ziel-Physiologie erhalten bleibt oder ob Anzeichen einer → Problem-Physiologie erkennbar werden, die ein Hinweis darauf sein können, daß die angestrebten Veränderungen noch nicht die volle Zustimmung finden.

■ **Das Ziel soll situationsgerecht sein:** Dieser Punkt hat zwei Aspekte. Zum einen soll sichergestellt werden, daß im konkreten Fall die Umfeldbedingungen berücksichtigt wurden, d. h., daß die Ziele den Gegebenheiten angemessen und realistisch sind. Zudem soll eine unnötige und eventuell schädliche → Generalisierung vermieden werden, indem klar angegeben wird, wo, wann, in welcher Situation wem gegenüber diese Entscheidung gelten soll. Die Berücksichtigung des Kontextes erhöht die Flexibilität, bei veränderten Rahmenbedingungen auch entsprechend angepaßte Ziele zuzulassen.

■ **Was ist Ihr eigener Beitrag zur Zielerreichung:** Worin besteht die Eigeninitiative? Zur Erreichung des Ziels durch eigenes Handeln selbst beitragen zu können unterscheidet die Zielplanung von reinem Wunschdenken. Selbst beim Hoffen auf einen Lottogewinn sind zumindest das Ausfüllen und Abgeben eines Lottoscheins erforderlich. Fehlt es an Eigeninitiative, so muß das Ziel entsprechend verändert werden.

■ **Ist das Ziel insgesamt angemessen:** Hier geht es noch einmal um eine ganzheitliche Überprüfung, ob die Konsequenzen der Zielerreichung auch mit ihren Auswirkungen auf das gesamte Zielszenario akzeptiert werden können. Im NLP geschieht dies durch den → Öko-Check. Damit wird sichergestellt, daß das Ziel auch von allen Teilen der Persönlichkeit unterstützt wird und nicht auf unbewußte Widerstände stößt.

■ **Achten Sie auf einen kurzen Feedback-Bogen:** Dieser Aspekt bekommt dann Bedeutung, wenn die Zielverwirklichung eine längere Zeitspanne in Anspruch nimmt. Durch die Beschreibung geeigneter Zwischenziele wird der kurze Feedback-Bogen erreicht und ermöglicht, die Durchführung in kleineren Zeitabständen zu überprüfen und die Motivation durch zusätzliche Erfolgserlebnisse aufrechtzuerhalten bzw. zu steigern.

Organisatorisch gesehen macht die Wohlgeformtheit der Ziele diese funktional und operational. Darauf aufbauend lassen sich Handlungen ableiten (Ressourceneinsatz) und das Erreichte überprüfen (Feedback).

Future Pace

Beim Future Pace handelt es sich gewissermaßen um den Brückenschlag von der Entscheidung auf die künftige Situation. Leider ist es nicht selbstverständlich, daß das Ergebnis einer Beratung oder die Überlegungen bei einem Selbst-Coaching im entscheidenden Moment wirklich eingesetzt werden, auch wenn sie im Augenblick akzeptiert werden. Future Pace ist eine Vorgehensweise, mit der diese Übertragung in die Zukunft sichergestellt wird. Bei dieser Transfersicherung zeigt sich die praktische Wirksamkeit der NLP-Methodik.

Durch die situationsspezifische Beschreibung in der Zielfindung wurde bestimmt, in welchem Kontext das erarbeitete Ergebnis eingesetzt werden soll. Nun ist sicherzustellen, daß die entsprechenden Handlungen bei Eintritt der Situation auch ausgelöst werden. Dies kann auf verschiedene Weise geschehen.

Es kann z.B. beschrieben werden, woran die Situation zu erkennen ist, in der das Neuerlernte angewendet werden soll – ggf. auch im Unterschied zu ähnlichen Situationen, für die andere Alternativen gelten sollen. Wir wissen nun zwar, wann etwas geschehen soll. Aber es bleibt unserem Bewußtsein überlassen, sich im rechten Moment auch tatsächlich daran zu erinnern. Das kann zu unsicher sein: manchmal denken wir erst daran, wenn wir bereits mit unserem alten Verhalten begonnen haben.

Der Future Pace sichert die zukünftige Anwendung eines neuen Verhaltensmusters

Der effektvollere Weg besteht darin, die Verantwortung unserem Unbewußten – das sich in so vielen Funktionen als zuverlässig erwiesen hat – direkt zu übertragen. Dies erfolgt zumeist über sogenannte → Anker, mit deren Hilfe die ausgewählte Situation mit dem geplanten Verhalten fest verbunden wird. Durch die unbewußte Steuerung erfolgt dann die Reaktion oft so spontan, daß sie dem Betreffenden später gar nicht mehr bewußt wird. Nach manchen Beratungen kann sich der Betreffende nicht einmal mehr an sein Problem erinnern.

Eine andere Vorgehensart, das Ziel bzw. die Veränderung an einen künftigen Situationszusammenhang zu binden, ist die Einübung einer inneren → Strategie, also einer nach Regeln geordneten Abfolge von Aktivitäten. Das sichert die Erreichung eines neuen bzw. geänderten Handlungsablaufes.

Schließlich kann die Transfersicherung auf der Meta-Ebene bzw. bei den → Meta-Programmen erfolgen, indem wiederum einer (unbewußten) Instanz die Verantwortung übertragen wird. Im NLP wird hierbei auch von Veränderung zweiter Ordnung gesprochen, da hier Strukturen beeinflußt werden, die für eine Vielzahl von Handlungen bestimmend sind.

In welcher Variante des Future Pace die Transfersicherung durchgeführt wird, hängt vom Thema und davon ab, wie das zu sichernde Ergebnis erarbeitet wurde.

Wesentlich ist, daß gesichert wird. Auch diese Notwendigkeit kann durch die Analogie zum Computer eindringlich veranschaulicht werden: Wenn Sie auf dem PC ein Dokument erstellen und vergessen, es zu sichern, war all Ihre Mühe umsonst. Wir denken oft irrtümlich: «Das ist mir jetzt so klar, das werde ich nie wieder vergessen.» In der effizienten Installation solcher wie automatisch wirkenden Mechanismen liegt eines der «Erfolgsgeheimnisse» des NLP.

Future Pace ist die Begleitung in die Zukunft. Die Sicherung der Arbeitsergebnisse kann in der inneren Vorstellung, verbal oder auch schriftlich erfolgen. Letzteres kann beispielsweise sinnvoll sein bei der Arbeit mit Gruppen, wenn ein Maßnahmenkatalog und die Verteilung von Zuständigkeiten und Verantwortungen festgehalten werden sollen.

Time Line

Die Vorstellung einer Zeitlinie ist eine → Metapher, die es erlaubt, das individuelle Erleben der Zeit auf einer Landkarte zu repräsentieren. Sie ist ein Abbild des Lebensweges, der auf diese Weise weiteren Betrachtungen zugänglich wird. Die Zeitlinie umfaßt die Vergangenheit und reicht über die Gegenwart in die Zukunft.

Sie ist ebenso subjektiv, individuell und unterschiedlich wie unsere innere Landkarte. Indem wir versuchen, sie uns vorzustellen und zu beschreiben, geben wir uns gewissermaßen eine Leitlinie, anhand derer wir ein-

zelne Ereignisse und komplexere Prozeßabläufe einordnen und die verschiedenen Zeiten auf unserem Lebensweg gewichten können. Die Repräsentation der Time Line kann in zwei Grundprinzipien eingeteilt werden: *In-Time* und **Through-Time**. Menschen, die ihre Zeit In-Time repräsentieren, erleben sich innerhalb ihrer Zeitlinie, → assoziiert; die Vergangenheit liegt typischerweise hinter und die Zukunft vor ihnen. Menschen, die ihre Zeit Through-Time repräsentieren, erleben sich außerhalb ihrer Zeitlinie, → dissoziiert, die vor ihnen liegt und zumeist von links (Vergangenheit) nach rechts (Zukunft) verläuft.

Eine weitere Einteilung kann sich auf die Darstellung der Informationen beziehen. Hier wird in *analoge* und *digitale* Abbildung unterschieden. Bezogen auf die Zeit, wäre das Zifferblatt einer Uhr eine analoge Darstellung, die den Verlauf der Zeit in direkter Entsprechung in der Zeigerbewegung sichtbar macht. Ähnlich anschaulich ist auch die Sanduhr, jedoch wird hier neben dem Fluß der Zeit auch die Begrenzung deutlich, was manchmal zu beklemmenden Assoziationen (die Uhr läuft ab) führen kann. Eine digitale Uhr codiert die Zeit als Ziffer und ist eine abstrakte Form der Informationsdarstellung. In der Kommunikation ist der Informationsaustausch analogorientiert, beispielsweise über Körpersprache, Schwingung, Geruch, Geschmack sowie Tonfall (→ auditiv-tonaler Bereich). Die Sprache, das Wort, gilt dagegen als digitale Codierung.

Die assoziierte Vorstellung der Zeitlinie beim «In-Time-Typus» entspricht eher einer analogen Darstellung, die des dissoziierten «Through-Time-Typus» der digitalen. Ersterer erlebt in aller Regel die Ereignisse, auch in der Erinnerung oder zukunftsgerichteten Vorstellung, unmittelbar. Im Unterschied dazu spricht der dissoziierte und distanziertere Betrachter oft eher «über» statt «von» etwas.

Die Time Line kann auch ein Bild dafür sein, wie der bisherige Lebensweg erlebt wurde. Ist es eine Linie, ein roter Faden, eine Kette von Ereignissen, ein dorniger oder steiniger Weg, eine Straße mit Meilensteinen, ein Fluß oder ein Tunnel? Gibt es Unterschiede zwischen Vergangenheit, Gegenwart und Zukunft in bezug auf Größe, Helligkeit, Farben oder bei anderen → Submodalitäten. Vielleicht sind Schlüsselerlebnisse auch voneinander abweichend repräsentiert, z. B. leuchtend und strahlend oder verblaßt im Dunkeln.

Die Time Line kann hilfreich sein, wenn in verschiedenen Zeitabschnitten gearbeitet wird. So bezieht sich beispielsweise das zuvor behandelte Future Pace auf die Zukunft, während beim → Change History durch eine Reise in die Vergangenheit nachträgliche Veränderungen vorgenommen werden. Durch die Zeitlinie lassen sich Ereignisse aus verschiedenen Zeiten lokalisieren; dies kann ein sinnvolles Hilfsmittel sein, wenn Erfahrungen und Fähigkeiten aus einem Ereignis der Vergangenheit für künftige Vorhaben eingesetzt werden sollen. Auf diese Weise können Ressourcen wiederentdeckt und nutzbar gemacht (→ Ankern) oder ungünstige Schlußfolgerungen der Vergangenheit überprüft werden. Die Time Line bildet hier ein relativ einfaches Instrument der Orientierung in einem sehr komplexen System.

8
Probleme lösen und Ressourcen erschließen

Die Kenntnis der unterschiedlichen inneren Zustände
(→ Physiologien) und die Fähigkeit, den jeweils aktuellen Zustand bei sich und bei anderen zu erkennen
(→ kalibrieren), sind Basis für einen verständnisvolle-
ren Umgang miteinander. Von zusätzlicher Bedeutung
ist das Einwirkungsvermögen, Zustände bewußt beenden oder auslösen zu können. Dies hilft bei der Selbstführung. Wir führen uns selbst in einen konstruktiven
Zustand und bestimmen so unsere Stimmung und Verfassung mit. Das kann auch im Umgang mit anderen
nützlich sein, beispielsweise im Coaching, in der Beratung oder in einer Therapie. Aber auch in Gesprächen
oder Verhandlungen etc. können so festgefahrene Situationen gelockert und die Kommunikation verbessert
werden. Ist unser Gesprächspartner in einen einengen-
den, blockierten Zustand geraten – der vielleicht auch
die ganze Verhandlung zum Stocken bringt –, hilft es,
wenn wir uns zuvor ausreichend auf ihn eingestimmt
haben. Wir sind nun in der Lage, ihn durch entsprechende Auslöser zu unterstützen, damit er aus diesem
Zustand herauskommt und einen ressourcenvolleren
aktiviert, so daß eine konstruktive Zusammenarbeit im
Sinne einer → Zwei-Gewinner-Lösung möglich wird.
   Das Werkzeug hierzu wird «Ankern» genannt.

Als Anker werden Reize bezeichnet, die mit einem bestimmten Erleben verbunden sind, so daß mit dem Auslösen dieses Reizes auch das Erlebnis wieder hervorgerufen wird.

Das Ankern geht also von der Annahme aus, daß alle unsere Erfahrungen und Erlebnisse als sinnliche Informationen wahrgenommen, repräsentiert und gespeichert werden (→ Wahrnehmungen, → Repräsentationssysteme). Oftmals reicht es, nur einen Teil wiederzuerleben, um sich die Gesamterfahrung erneut zu vergegenwärtigen – sei es bewußt oder unbewußt. Der Anker ist der Teil, der das gesamte Wiedererleben auslöst. Wir sind ständig solchen Ankern ausgesetzt, und manchmal werden sie uns bewußt, und wir können ihre Wirkungsweise erkennen. Wir hören beispielsweise eine Musik, die mit einem romantischen Erlebnis verbunden ist, und die Erinnerung und die Stimmung werden wieder lebendig. Ein besonderer Essensgeruch läßt uns mitten beim Lesen an ein schönes Restaurant denken. Wir erwähnen im Gespräch den Namen eines Ortes und bemerken dann, wie unser Gesprächspartner traurig wird. Wenn wir uns gut genug kennen, erzählt er uns vielleicht, daß er an diesem Ort etwas besonders Tragisches erlebt hat. Der auslösende Reiz kann über jeden unserer verschiedenen Sinneskanäle empfangen werden.

Wir haben es also mit einem Reiz-Reaktions-Schema zu tun. Dabei besteht die Reaktion zunächst im Erinnern, im Wiederrepräsentieren des Erlebnisses, das

Situationen vergegenwärtigen, Physiologien aktivieren

einen inneren Zustand und eine körperliche Reaktion auslöst, die wir als → Physiologie erkennen können. Möglicherweise umfaßt das Verhalten auch noch

Konditio- nierung

weitergehende Handlungen. Der russische Verhaltens- forscher Pawlow hat auf dieser Grundlage seine be- rühmten Experimente mit Hunden durchgeführt, die eine Reiz-Reaktions-Konditionierung darstellen. Ein Teil unserer Lern- und Erziehungs-Erfahrungen beruht auf einem ähnlichen Vorgehen, wenngleich die heutigen Lernmethoden über diesen Ansatz hinausgehen.

Diese Reize wirken oft unbewußt – die Melodie löst die Erinnerung und Empfindung aus, auch wenn wir sie gar nicht erkannt haben und/oder uns der Zusammen- hang nicht bewußt wird. Zum anderen senden wir mehr oder weniger unbewußt auf allen Wahrneh- mungsebenen ständig solche Signale aus. Selbst wenn wir es wollten, wären wir völlig überfordert, jedesmal zu bedenken, was wir damit beim anderen auslösen. Hinzu kommt, daß die Reaktion von Person zu Person völlig unterschiedlich ausfallen kann; der eine verbin- det mit einem Wort etwas anderes als der nächste, und manche reagieren mehr auf Tonlage, Lautstärke etc. des Gesagten als auf seinen Inhalt.

In wichtigen Phasen ist es jedoch sinnvoll, wenn wir uns unseres – ungewollten – Anteils am Verhalten des anderen bewußt werden. Das → Kalibrieren kann uns auch hier hilfreich sein. Haben wir dann nicht nur die → Physiologien erkannt, sondern auch das auslösende Ereignis – den Reiz –, dann können wir uns im Laufe ei- ner konstruktiven Kommunikation darum bemühen, negative Auslöser zu vermeiden und positive zu nutzen.

Das «Ankern» (Anchoring) geht als Verfahren noch einen Schritt darüber hinaus: es verknüpft absichtlich einen (neuen) externen Reiz mit einer bestehenden Erfahrung. Dies ermöglicht z. B. dem Berater, während einer Veränderungsarbeit einen bestimmten Zustand bewußt immer dann zu aktivieren, wenn es für den weiteren Fortgang hilfreich ist.

Solche Anker können, wie bereits erwähnt, auf allen Sinnessystemen eingerichtet werden, wobei Geruchs- und Geschmacksanker zwar wirkungsvoll sind, in der praktischen Arbeit aber selten zur Verfügung stehen. Typische Anker sind u. a.: *visuell* (Geste, Gesichtsausdruck, eventuell das Zeigen eines Gegenstandes), *auditiv* (Lautstärke, Tempo, Stimmführung oder auch ein markantes Wort) und *kinästhetisch* (Berührungen, z. B. am Handgelenk). Im privaten Bereich können kinästhetische Anker oft besonders wirksam sein; in der «professionellen» Arbeit sind sie teilweise (durch gesellschaftliche Vorbehalte) weniger akzeptiert.

Was kann als Anker dienen?

Bevor ein «Anker gesetzt» wird – d. h. bewußt benutzt werden soll –, muß überprüft werden, ob der beabsichtigte Reiz bei der betreffenden Person nicht bereits in anderer Weise belegt ist. Wenn dies der Fall ist, dann löst er eine andere Repräsentation aus als die, die jetzt mit dem Anker verbunden werden soll. In diesem Fall muß ein anderer Anker gewählt werden.

Genau in dem Moment, in dem der ausgewählte Zustand am intensivsten ist, wird der Anker gesetzt. Dazu können wir z. B. das Handgelenk berühren oder das betreffende Wort sagen. Das Ankern ist mit relativ wenig Übung erlernbar. Doch es sollte besonders darauf ge-

Aktiv Anker setzen

achtet werden, daß der angestrebte Zustand im Moment des Ankerns auch wirklich in «Reinkultur» präsent ist und nicht durch unerwünschte Zustände überlagert wird. Ein «sauberes» Ankern erfordert also gleichzeitig eine präzise Wahrnehmung.

Als «Ankerstapeln» wird im NLP eine Vorgehensweise bezeichnet, bei der verschiedene Ressourcen mit demselben externen Anker verbunden werden und somit später gebündelt aufrufbar sind. Diese Methode ist **Ankerstapeln** Beratungssituationen vorbehalten. Verantwortungsvoller Umgang mit dem Ankern setzt den Respekt vor der Würde des anderen und ein ausreichendes Vertrauensverhältnis voraus. Daher wird auch gelegentlich angeregt, Ankern im wesentlichen auf Beratungssituationen mit entsprechenden Vereinbarungen zu begrenzen. Hier findet das Ankern dann bei den verschiedenen Methoden Anwendung, wobei der Phantasie in der Ausgestaltung der Anker wenig Grenzen gesetzt sind.

Manipulation

Die fast magische Wirkung des Ankerns hat zur Folge, daß sie für Außenstehende oft unheimlich wirkt und als Manipulation abgelehnt wird. Es ist also sinnvoll, sich mit den Grenzen akzeptierbarer bewußter Einflußnahme auseinanderzusetzen.

Unter Manipulation verstehen wir üblicherweise die gezielte und unmerkliche Beeinflussung anderer Personen. Im gewöhnlichen Sprachgebrauch ist dieser Begriff zumeist negativ besetzt – teilweise in Abgrenzung zur Motivation. Diese negative Bedeutung beruht auf Er-

fahrungen, daß die unbemerkte Beeinflussung häufig
auf Vorteile für den Beeinflussenden abzielt und die In- teressen des Beeinflußten vernachlässigt. Der Beein-
flußte soll dann mit seinem Verhalten an den Zielen des
Manipulierenden ausgerichtet werden. Der respektvolle
Umgang mit den verschiedenen Möglichkeiten im NLP,
Zustände und Verhaltensweisen zu beeinflussen (z. B.
Rapport zu schaffen oder Anker zu setzen), orientiert
sich hingegen an der betreffenden Person. Gelangt diese
hierdurch in einen besseren Gleichklang mit dem Partner und in eine ressourcenvollere Verfassung, so wird sie
zugleich als Person respektiert. Die Grenzen können
überschritten werden, wenn NLP nur als «Technik»
ohne entsprechende innere Haltung eingesetzt wird. Oft
spürt oder ahnt der Partner aber dann die Absicht, und
statt Harmonie entsteht Verstimmung. Geschieht dies
beispielsweise beim → Pacing, so ist es mißlungen, weil
nicht das Einstimmen auf den anderen im Vordergrund
stand, sondern der andere auf unsere «Linie gebracht»
werden sollte.

Manipulationen im weiteren Sinne finden ständig
statt, auch wenn wir uns dessen nicht immer bewußt
sind. Der freundliche Gesprächsauftakt, das Anbieten
einer Tasse Kaffee etc. sollen den Partner ähnlich positiv einstimmen wie ein schönes Abendessen. Auch Imponiergehabe soll beim anderen Respekt auslösen. Die
vielen Verhaltensweisen, mit denen versucht wird, beim
anderen einen uns geneigten Zustand auszulösen, sind
gar nicht aufzählbar. Gesprächsführung ist immer auf
eine gezielte Beeinflussung ausgerichtet, d. h., sie soll
darauf einwirken, daß der andere etwas tut, was er

Motivation
oder
Manipulation?

wahrscheinlich sonst so nicht tun würde. Wenn er das täte, bedürfte es nicht des aktiven Führens. Selbst da, wo von unmittelbarem Führungseinwirken abgesehen wird, werden zumeist Rahmenbedingungen geschaffen, die darauf abzielen, daß die «Selbstführung» des Betreffenden in die beabsichtigte Richtung geht. Für das Zusammenleben ist es also praktisch undenkbar, auf gezielte Beeinflussung zu verzichten. Um so eindringlicher stellt sich die Frage nach den Grenzen.

Grenzen der Einflußnahme Ein Kind zu beeinflussen, damit es sich nicht zu weit aus dem Fenster lehnt oder seine Medizin nimmt, ist sicherlich eine zulässige Manipulation, die auf das Wohl des anderen ausgerichtet ist. Hierzu können auch Einflußnahmen gezählt werden, die der andere akzeptieren würde, wenn sie ihm im Gesamtzusammenhang und in ihren Auswirkungen bewußt wären, z. B. dann, wenn er mit dem angestrebten Ergebnis übereinstimmt oder es von vorhergehenden Vereinbarungen abgedeckt wird.

Nicht-ökologische Manipulation Manipulation ist dann bedenklich, wenn ihr Ziel den Absichten des anderen zuwiderläuft und von ihm nicht akzeptiert würde, wenn ihm die Manipulation bewußt wäre. NLP spricht bei dieser negativen Form von «nicht-ökologischer Manipulation» – einer Beeinflussung, die unter Würdigung der Gesamtumstände nicht im Sinne der betreffenden Person liegt. Die Gefahr des Manipuliertwerdens kann durch einen höheren Grad der Bewußtheit über die Zusammenhänge gemindert werden. Wir können dann die Manipulationsversuche anderer besser durchschauen und ihnen durch Selbststeuerung entgegenwirken. Je besser wir ihre Wirkungsweise kennen, um so besser können wir auch einen Mißbrauch erkennen und uns ihrem Bann entziehen: «Gefahr erkannt – Gefahr gebannt» bedeutet hier, daß die Manipulation ihre Macht verliert, wenn sie vom anderen wahrgenommen wird. Die Kenntnis der verschiedenen Formen der Einflußnahme kann somit sowohl eine Basis für bewußteres Handeln sein als auch ein Schutz vor der Manipulation durch andere.

Moment of Excellence

Der Moment of Excellence ist zum einen eine besonders ressourcenvolle Form der → Physiologie und wird dort als entsprechend powervoller Zustand beschrieben. Als NLP-Übung ist der Moment of Excellence eine Methode, diesen powervollen Zustand gezielt auszulösen; das Werkzeug dazu ist der → Anker. Dabei kann der auslösende Reiz entweder von einem Dritten oder von dem Betreffenden selbst bewußt gesetzt werden.

In der Beratung wird der Moment of Excellence wie andere Physiologien auch geankert und ist nun immer dann aktivierbar, wenn es im weiteren Prozeß sinnvoll ist, daß der Betreffende über die mit dem Moment of Excellence verbundenen Ressourcen verfügt.

Eine gute Führungskraft wird bestrebt sein, bei ihren Mitarbeiterinnen und Mitarbeitern möglichst häufig Signale zu senden und Situationen zu schaffen, die bei diesen den Moment of Excellence auslösen. Die bewußte Wahrnehmung des anderen und der Respekt vor seiner Individualität schaffen hierfür notwendige Voraussetzungen. Entsprechendes gilt auch für das Verhältnis von Lehrenden und Lernenden oder vergleichbare Situationen.

Eine besondere Bedeutung erlangt der Moment of Excellence in der Selbstführung. Hier bedeutet er die Fähigkeit des einzelnen, sich selbst unabhängig von Dritten und der jeweiligen Situation in den Moment of Excellence zu versetzen. Dabei können ähnlich wie beim Ankern durch Dritte die unterschiedlichsten Anker gesetzt werden. Als besonders wirksam haben sich zwei Vorgehensweisen erwiesen, die nachfolgend kurz beschrieben werden, auch wenn hier keine ausführliche Übungsanleitung erfolgen kann.

Ankern des Moment of Excellence

Die betreffende Person versucht sich zunächst drei Erlebnisse in Erinnerung zu rufen, die für sie mit dem Moment of Excellence verbunden sind, und wählt dann eines für die weitere Übung aus. Durch sinnesspezifisches Wiedererleben auf möglichst allen Wahrnehmungsebenen wird das Ereignis in Erinnerung gerufen, so lebendig, als würde es jetzt gerade wieder stattfinden. Dann wird aus dieser Vorstellung ins Hier und Jetzt zurückgekehrt und überlegt, welche Überschrift, welches Codewort, welcher Begriff als Schlüsselwort für den Moment of Excellence dienen könnte. Anschließend wird die Erinnerung nochmals aktiviert und im Moment der intensivsten Vorstellung mit dem Schlüsselwort begleitet. Möglicherweise wird dabei das zuvor ausgewählte Schlüsselwort noch einmal angepaßt oder sogar verändert. Im Hier und Jetzt sollte sodann nochmals überprüft werden, daß dieses Schlüsselwort, ähnlich wie die → wohlgeformten Ziele, keine Negationen oder Vergleiche enthält. Anker für den Moment of

Excellence können beispielsweise sein: «Wie interessant», «Dafür bin ich Profi», «Gut, daß es mich gibt» und vieles mehr. Sie werden auch als «Power-Satz» bezeichnet.

Power-Satz

Auch auf der kinästhetischen Ebene kann ein Anker gesetzt werden. Ein powervolles Erlebnis wird zusammen mit dem Moment of Excellence (möglicherweise das gleiche Ereignis wie zuvor) nochmals in Erinnerung gerufen und erlebt. Diesmal wird der körperlichen Befindlichkeit nachgespürt. Nach einem → Separator erfolgt das gleiche für ein trauriges oder mißlungenes Ereignis. Nach einem weiteren Separator wird nun in der Vorstellung mehrfach zwischen den beiden Zuständen gewechselt, um herauszufinden, wo die markantesten körperlichen Unterschiede sind, so daß ein individuelles, typisches Merkmal beim powervollen Zustand des Moment of Excellence gefunden wird. Das kann ein Aufrichten sein, die Entspannung der Kiefermuskulatur, eine bestimmte Handbewegung, tiefes Durchatmen etc. Dies ist dann ein zusätzlicher Anker für den Moment of Excellence, der den Vorteil hat, daß er bereits besteht und dem Repertoire des Betreffenden entspricht, künftig jedoch bewußt eingesetzt werden kann.

Kinästhetischer Anker

Anker können sowohl unter Anleitung eines Beraters als auch – nach entsprechender Vorbereitung – beim Selbst-Coaching gesetzt werden. Entscheidend ist, daß der Betreffende am Ende über zwei wirksame Anker verfügt – und zwar über seinen Power-Satz und einen kinästhetischen Auslöser –, um sich selbst gezielt und bewußt in einen powervollen Zustand versetzen zu können, in dem er über seine Energien und Ressourcen verfügt. Dies hilft in schwierigen Situationen; gerade dann, wenn es darauf ankommt.

Integration dissoziierter Physiologien

Das Ankern und spätere Wiederaufrufen von Zuständen sind ein sinnvolles Verfahren, wenn wir in ihnen Zugang zu den Ressourcen finden, die wir benötigen. Ist dies nicht der Fall, benötigen wir Methoden, die es ermöglichen, zunächst die Verhaltensmöglichkeit im betreffenden Zustand entsprechend zu verändern oder neue Zustände mit den gewünschten Ressourcen zu schaffen.

Die Integration dissoziierter Physiologien ist eine solche Methode, bei der die Verhaltensmöglichkeiten zweier voneinander unabhängiger dissoziierter → Physiologien (und damit korrespondierender Zustände) zusammengefügt (integriert) werden zu einem neuen dritten Zustand.

Zunächst werden beide Zustände, die integriert werden sollen, bestimmt und bezeichnet. Hierzu eignen sich alle klar voneinander abgrenzbaren Zustände, von denen der eine über eine Ressource verfügt, die dem anderen fehlt. Eine von vielen Möglichkeiten ist das Zusammenbringen einer Problem- und einer Ressourcen-Physiologie.

Die erste Physiolgie wird hervorgerufen (induziert) und geankert, z. B. durch bewußtes Ansprechen von Erfahrungen oder – insbesondere bei Beratungen – auch durch Erinnerungen in → Trance.

Nach einem Separator erfolgt das gleiche für den zweiten Zustand. Nach einem nochmaligen Separator und zumeist einer Vorankündigung erfolgt nun die Integration, indem gleichzeitig beide Anker benutzt werden.

Der Vorgang wird abgeschlossen durch einen → Future Pace und einen → Öko-Check. Wenn z. B. jemand Probleme hat, in einem größeren beruflichen Kreis frei und ungezwungen zu sprechen, während er privat im kleinen Kreis ein charmanter und kompetenter Gesprächspartner ist, also über die notwendigen Ressourcen verfügt, zielt die Integration darauf ab, diese Fähigkeit (über die Ressourcen-Physiologie) mit der Problem-Physiologie (Sprechen im größeren beruflichen Kreis) zu koppeln, also dort verfügbar zu machen. Nachdem dies gelungen ist, soll der Future-Pace sichern, daß bei künftigen beruflichen Besprechungen im größeren Kreis diese Fähigkeit auch tatsächlich aktiviert wird. Der Öko-Check dient dazu, abzuprüfen, ob aus irgendeinem Grunde Bedenken gegenüber diesem neuen Verhalten bestehen.

Mit dieser Technik der Integration dissoziierter Physiologien wird also das Verhaltensrepertoire erweitert. Es kann auch als Vorstufe weiterführender Verfahren eingesetzt werden, z. B. beim → Six-Step-Reframing.

Change History

Mit dieser wirkungsvollen Interventionstechnik wird eine vergangene Problemsituation mit Hilfe zusätzlich geankerter Ressourcen verändert, die damals nicht ver-

fügbar waren. Change History (oder auch Changing History) als Veränderung der persönlichen Geschichte ist zugleich zukunftsgerichtet, denn es dient dem Ziel, daß diese Referenzerfahrung zukünftig bei ähnlichen Problemsituationen nicht mehr zum Steckenbleiben führt, sondern als neue Ressource verfügbar gemacht wird. Die Vergangenheit wird sozusagen als Vorarbeit für kommende Situationen aufgearbeitet.

Die Vorgehensweise ähnelt der, die unter → Integration dissoziierter Physiologien beschrieben wurde. Anstelle eines zweiten Zustandes wird jedoch die entsprechende Ressource geankert. Ein kleines Beispiel soll das grundsätzliche Vorgehen verdeutlichen, ohne daß hier auf die Vielzahl der verschiedenen Anwendungen und Übungspraktiken eingegangen werden kann: Angenommen, jemand möchte an seinem Problem arbeiten, daß er in bestimmten Situationen stets bei einem entsprechenden Auslöser (ein Wort, ein scharfer Ton, eine bedrohlich empfundene Geste) am liebsten fortrennen würde. Er ist zu keiner konstruktiven Reaktion fähig und wirkt wie versteinert. Eine Rückbesinnung auf die eigene Vergangenheit (History) zeigt möglicherweise, daß der immer noch blockierend wirkende Auslöser mit einem früheren Ereignis zusammenhängt, bei dem ihm als Kind Weglaufen oder Erstarren als sinnvollste Verhaltensweisen erschienen, um weiterer Gefahren oder Strafen zu entgehen. Dieses damals gelernte Verhalten wird auch heute stets praktiziert, wenn eine ähnliche Situation gegeben zu sein scheint oder etwas daran erinnert. Oft ist es nicht einfach, das auslösende Ereignis in der Lebensgeschichte einer Person aufzufinden. Die Erinnerung ist verblaßt, aber die damals getroffene Schlußfolgerung wird immer noch befolgt. Dies geschieht unbewußt und wie selbstverständlich. Ist der Zusammenhang jedoch erkannt, so kann überprüft werden, ob mit den Fähigkeiten, die dem Erwachsenen zur Verfügung stehen, heute – und rückblickend auch damals – wirkungsvollere Verhaltensweisen möglich wären. Diese jetzt einsetzbare (früher nicht verfügbare) Ressource wird nun in die Geschichte eingefügt, so daß sie mit einer neuen Schlußfolgerung – einem konstruktiven Verhalten – «umgeschrieben» werden kann. Die Arbeit ist dann erfolgreich abgeschlossen, wenn künftig bei Situationen, die an die alte Begebenheit erinnern, jetzt das neue konstruktive Verhalten ausgelöst wird.

Verändern der persönlichen Lebensgeschichte

Während im vorigen Abschnitt durch die Integration zweier Physiologien ein dritter Zustand mit zusätzlichen Verhaltensmöglichkeiten geschaffen wurde, wird im Change History eine belastende, einschränkende oder traumatische Erfahrung emotional aufgelöst. Vorsorglich wird jedoch zunächst geprüft, ob das als veränderungswürdig angesehene Verhalten nicht in bestimmten Zusammenhängen – deren man sich zunächst nicht bewußt wurde – auch künftig eine sinnvolle Funktion ausüben kann, so daß es unter entsprechendem Bezugsrahmen erhalten und gesichert werden sollte. Hierzu eignet sich beispielsweise das → Kurz-Reframing.

Auflösen belastender Erfahrungen

Reframing

Reframing heißt, als problematisch empfundenen Erlebnissen oder Verhaltensweisen einen anderen Rahmen zu geben, sie in einem anderen Licht oder anderen Zusammenhang zu betrachten. Gelegentlich wird der Begriff auch durch «Umdeuten» übersetzt. Im Rahmen des NLP hat das Reframing deshalb einen so hohen Stellenwert, weil es die Flexibilität erhöht. Es läßt zusätzliche Wahrnehmungen, Ereignisse, Verhaltensweisen und Schlußfolgerungen zu.

Wir fassen Wahrnehmungen, Bewertungen und eventuelle Reaktionen zu einer Erfahrung zusammen und geben ihnen einen Rahmen – das sogenannte *Framing*. Dadurch schließen wir Variationsmöglichkeiten aus. Das Öffnen des Rahmens läßt neue Sichtweisen zu, erweitert die Wahrnehmung und läßt neue Rahmenbedingungen eines neuen *Kontext* erkennen. Vielleicht stellen wir auch fest, daß andere *Bedeutungen* möglich sind. Entsprechend wird das einfache Reframing unterteilt in Kontext- und Bedeutungs-Reframing.

Kontext-Reframing

Der Ausgangspunkt ist meist eine Klage über unerwünschte Eigenschaften oder problematische Verhaltensweisen, z. B.: «Ich bin zu spontan, zu geizig ...», allgemein formuliert: «zu Z». Im Reframing erfolgt nun die Reflexion darüber, in welchen Situationen (Kontext, Rahmenbedingungen) Z angemessen und passend ist. Im Ergebnis können wir Z dann als eine

Fähigkeit würdigen, die uns in bestimmten Situationen (die ebenfalls bestimmt wurden) hilft. Wir brauchen also keine Energien mehr darauf zu verwenden, mit ihr zu hadern, und können sie in unserem Repertoire behalten (→ Versöhnungs-Physiologie), wenn auch nicht als Universalwerkzeug für alle Situationen.

Die Aussage «Ich bin (zu) Z!» ist unvollständig und fordert Nachfragen heraus (→ Fragen). Sie wird durch einen bestimmten Kontext (K) ergänzt. Wenn Z in Relation zu K gesehen wird, läßt das unterschiedliche Schlußfolgerungen zu, z. B.: In diesem Kontext ist Z hinderlich, in einem anderen sinnvoll. In einer weiteren Situation reicht Z aus. Normalerweise gibt oder gab es einen Kontext, in dem Z sinnvoll ist oder war.

Bedeutungs-Reframing

Ein Mitarbeiter der Service-Abteilung war genervt und klagte:» Immer diese unnötigen Anrufe aus den Fachabteilungen. Wenn die Anwender ins Handbuch sehen, könnten sie sich ihre Fragen selbst beantworten.» Der Hinweis: «Seien Sie doch froh, wenn die anderen alles alleine lösen könnten, wäre Ihre Abteilung überflüssig und Sie vielleicht arbeitslos», veränderte seine Einstellung. Die Anrufe hatten jetzt nicht mehr die Bedeutung einer Störung, sondern der Daseinsberechtigung, des Wichtigseins.

Das Grundmuster der Klage ist: «Ich fühle mich Y, wenn X passiert.» Das Bedeutungs-Reframing zielt darauf ab, Y zu verändern. Die Reaktion auf diese Umdeutung ist zumeist: «So habe ich das noch nicht gesehen.» Typischerweise wird die Klage zu Beginn von einer → Problem-Physiologie begleitet. Das Reframing ist gelungen, wenn bei der Wiederholung ähnlicher Situationen eine ressourcenvollere Physiologie erkennbar wird.

Kurz-Reframing

Diese Form wurde bereits bei der Erläuterung von → Change History erwähnt. Sie kann ganz allgemein bei Veränderungsarbeiten – z. B. dem Ändern bestehender oder dem Einüben neuer Verhaltensweisen – hilfreich sein, um zu überprüfen, inwieweit doch Situationen vorstellbar sind, in denen das unerwünschte Verhalten nützlich ist. Durch das Kurz-Reframing wird sichergestellt, daß trotz einer Verhaltensänderung die einmal erworbenen Fähigkeiten bei entsprechenden – eventuell genau zu bestimmenden – Rahmenbedingungen erhalten bleiben. Damit erhält das neuerlernte Verhalten einen sinnvollen Rahmen und das alte eine neue Bedeutung.

Die im NLP entwickelte Kunst des Reframings kann auch im Alltagsleben, z. B. in der Kommunikation, angewendet werden. Zumeist verhilft es zu einem toleranteren und versöhnlicheren Umgang mit sich selbst und mit anderen. Auch dem Satz «Vorwürfe sind verunglückte Wünsche» liegt ein Reframing zugrunde. Statt z. B. in dem Satz «Warum kommst du so spät?» einen Vorwurf zu sehen, kann der Wunsch nach Zusammensein oder die Sorge wahrgenommen werden, daß etwas passiert sein könnte. In der bewußten Selbstführung bietet Reframing die Chance, einen konstruktiveren Rahmen zu finden und in dem, was als störend angesehen wurde, doch einen Sinn zu erkennen.

Bei komplexeren Strukturen kann das einfache Umrahmen an Grenzen stoßen, so daß differenziertere Vorgehensweisen erforderlich werden.

9
Lösungswege für komplexere Strukturen

Komplexität bedeutet, daß es eine Reihe von Wechselwirkungen zwischen verschiedenen Merkmalen gibt.
Eine beabsichtigte Veränderung kann zunächst nicht
erkennbare Nebenwirkungen auslösen. Typisch für
komplexe Systeme ist, daß sie nicht mehr durch lineare
Verbindungen, sondern durch Vernetzungen gekennzeichnet sind. Damit wird auch die Kausalität von Ur-
sache und Wirkung relativiert. Die sich selbst bewahr-
heitende Prophezeiung ist ein derartiges Phänomen.
Oder: Die Meinungsumfrage will eine Meinung erforschen und wird gleichzeitig zum Meinungsbildner. Da
wir auf der kognitiven Ebene nicht wirklich vernetzt
denken können, ist für ein kontrolliertes Arbeiten das
schrittweise Vorgehen sinnvoll. Dabei müssen die
Wechsel- und Nebenwirkungen ausreichend überprüft
werden.

Bei diesen NLP-Methoden wird das → Unbewußte
häufig zur Mithilfe herangezogen. Für eine erfolgreiche
Arbeit ist es notwendig, wenn die entsprechenden
Grundannahmen des NLP zumindest akzeptiert werden
können. Zu diesen Methoden gehören das Teile-Modell
und das Six-Step-Reframing, die in diesem Zusammenhang wohl bekannteste NLP-Technik.

Das unterschiedliche, oft widersprüchliche Verhalten eines Menschen, die Zerrissenheit bei Entscheidungsprozessen etc. legen es nahe – zumindest bei einem Modell, das die Strukturen zugänglich machen will –, nicht von einer einheitlichen Persönlichkeit auszugehen, sondern von einer multiplen Gesamtpersönlichkeit, die aus mehreren Persönlichkeits-Teilen besteht. «Das schöne Wetter sollte ich ausnutzen und schwimmen gehen», fordert uns der eine Teil auf (tu etwas für deine Gesundheit; genieße das Leben). Ein anderer ermahnt uns: «Es ist noch soviel Post zu erledigen, das muß erst getan werden» (erst die Arbeit, dann das Vergnügen). «Zwei Seelen wohnen, ach, in meiner Brust»; häufig sind es sehr viel mehr. Vielleicht melden sich noch weitere Stimmen mit Vorschlägen, z. B. Freunde zu besuchen (man muß etwas für die sozialen Kontakte tun); etwas gemeinsam mit den Eltern zu unternehmen oder einfach nur im Garten zu sitzen und ein Buch zu lesen. Sich zu entscheiden fällt oft schwer.

Manchmal sabotieren Persönlichkeitsteile in uns unsere guten Vorsätze. Vielleicht haben wir uns vorgenommen, in den nächsten Wochen keinen Alkohol mehr zu trinken. Und dann trinken wir doch in der Runde ein Gläschen mit, möglicherweise bleibt es nicht bei dem einen. «Man will ja kein Spielverderber sein» (tu etwas für die Geselligkeit); «was sollen die anderen denken, wenn ich jetzt plötzlich Wasser bestelle» (paß dich an), oder «auf ein Glas kommt es ja gar nicht an». So versuchen wir uns zu beschwichtigen. Jeder Teil hat

gute Argumente für sein Bestreben und dessen Bedeutung für unsere Gesamtpersönlichkeit.

Die einzelnen Persönlichkeitsteile sind dabei zugleich Teil eines Ganzen und Vertreter von eigenen Interessen. Interessenvertretungen verfolgen Absichten. Deshalb ist es konsequent, jeden Teil als eine Art «Personifizierung» einer Absicht zu betrachten. Wir können diesen Teilen auch einen Namen geben, der ihre Absichten und Funktionen beschreibt. Dabei sollten wir darauf achten, positive Ausdrücke zu verwenden, um die grundsätzlich positive Absicht zu würdigen.

Einige Beispiele:

Kontakt-, Geselligkeitsteil: berücksichtigt, daß wir ein soziales Wesen sind, das Kontakt zu anderen und Geselligkeit sucht.

Geborgenheits-, Nähe-Teil: hier wird insbesondere das Erleben von Nähe und Wärme im Zusammensein mit anderen symbolisiert.

Distanz-Teil: entspricht dem Bedürfnis nach Alleinsein, oftmals nach intensiver Geborgenheit.

Freiheits-Teil: der Wunsch nach Unabhängigkeit und Selbstverwirklichung.

Lebensfreude-Teil: der Sinn für Spaß, Neugier, Ausgelassenheit etc.

Überlebens-Teil: beachtet die Existenzsicherung, insbesondere die körperliche Unversehrtheit.

Gesundheits-, Energiehaushalts-Teil: ist um unser körperliches und geistiges Wohlbefinden besorgt; fühlt er sich zu sehr vernachlässigt, so kann er «Gesundheitssignale» senden, die von Müdigkeit und Konzentrationsschwäche bis zu Krankheitssymptomen reichen können, um uns zu einer rechtzeitigen «Pause» zu veranlassen.

Obhuts-Teil: bewahrt uns auf der zwischenmenschlichen Ebene vor der Verletzung durch andere.

Beschützer-Teil: in der Beschützerrolle übernehmen wir die Sorge für unsere Mitmenschen als Teil unseres sozialen Umfeldes.

Harmonie-Teil: strebt nach Frieden und Gleichklang im inneren und äußeren Erleben.

Abgrenzungs-Teil: betont die Eigenständigkeit in Abgrenzung zum vorgenannten ganzheitlichen Erleben.

Anpassungs-Teil: sucht die Harmonie durch Angleichung an die Anforderungen des Umfeldes.

Mitmenschlicher Teil: hier dominieren Mitgefühl und Gerechtigkeitssinn, Empfinden für die Ausgewogenheit im Miteinander.

Selbstachtungs-, Würde-Teil: steht für Selbstwertgefühl und auch für Stolz.

Lebenssinn-Teil: stellt die Frage nach dem Lebenssinn: «Wofür lohnt es sich, zu leben und sich einzusetzen?»

Spiritueller Teil: sucht einen noch größeren Zusammenhang – zumeist auch über dieses Erdenleben hinaus – bei der Religion, Philosophie oder auch Esoterik.

Risikofreudiger Teil: steht für Neugierde, Wagnis und Entdeckerfreude – und könnte auch als Unternehmenslust bezeichnet werden.

Sicherheitsbetonter Teil: versucht Risiken und Unsicherheiten weitgehend zu vermeiden.

Kreativer Teil: steht für Ideenreichtum und Finden

neuer Lösungen, die sich systematisch oder analytisch ergeben können, häufig jedoch spielerisch und spontan entwickelt werden.

Anerkennungs-Teil: entspricht unserem Bedürfnis, für gute Leistungen auch ein entsprechendes Lob und motivationsfördernde Anerkennung zu erhalten. Da dem oft nicht entsprochen wird, kann er indirekt durch gutes Essen und Trinken, durch den Kauf eines Schmuckstückes oder ähnliches für eine ersatzweise Erfüllung sorgen; durch eine kurze Feedback-Schleife bei den → wohlgeformten Zielen kann ihm Rechnung getragen werden.

Kritischer Teil: bewertet, ob neue Eindrücke und Erlebnisse negativ oder positiv zu beurteilen sind.

Diese Aufzählung ist lediglich eine Anregung, die jeder für sich durch weitere Aspekte ergänzen kann.

Auch die Bezeichnungen können individuell variieren. Bei der Behandlung konkreter Themen sind nicht alle Teile in der gleichen Intensität beteiligt. Manchmal ergeben sich aber sogenannte indirekte Beteiligungen, wenn die Schlußfolgerung auch Nebenwirkungen auf einen weiteren Persönlichkeitsanteil hat. Meistens wird das erst dann deutlich, wenn die Schlußfolgerung verändert werden soll. Überprüft werden kann das durch den → Öko-Check.

Die Personifizierung der einzelnen Teile kann auch über die abstrakte Funktionsbezeichnung hinausgehen. Die einzelnen Teile nehmen dann eine «Gestalt» an, mit der über alle → Wahrnehmungs- und Repräsentationsebenen Kontakt aufgenommen werden kann. Die Ausschmückung kann Menschengestalt annehmen: wichtige Bezugspersonen, Idole, historische Persönlichkeiten oder Phantasiefiguren repräsentieren die Rolle dieses Persönlichkeitsteils. Dabei erfolgt normalerweise eine Konkretisierung in weiblich oder männlich, alt oder jung. Vielfach wird auch ein Tier als Symbol gewählt (z. B. der schlaue Fuchs, der starke Bär, die kluge Eule etc.); es können aber auch Bäume (häufig als Symbol für Weisheit), Steine, Meer, Sonne etc. sein. Diese Ausgestaltung ist in der Beratung oft ein guter Bezugspunkt beim → Inkorporieren. Die einzelnen Persönlichkeitsteile können miteinander zusammenarbeiten, kooperieren und Koalitionen bilden, aber auch in Konflikt miteinander geraten, sich behindern oder gegeneinander arbeiten.

In den weiteren Abschnitten dieses Kapitels werden NLP-Techniken beschrieben, die helfen, Störungen zu vermeiden und zu einer besseren Abstimmung zu gelangen. Dem Verhalten jedes Teiles liegt eine Absicht zugrunde, die auf der Basis der Informationen und Handlungsalternativen verfolgt wird. Grundsätzlich verfolgen alle Teile eine positive Absicht für den ganzen Menschen. Konflikte erklären sich durch die unterschiedliche Bewertung der Bedeutung einzelner Absichten für das Gesamte. Manchmal stehen auch nicht genug Handlungsalternativen zur Verfügung.

Zunehmende Flexibilität und Lernbereitschaft helfen, Konflikte aufzulösen und festgefahrene, verkrampfte Haltungen durch neue zu ersetzen. Dies bedeutet, daß bei angestrebten Verhaltensänderungen zunächst zu identifizieren ist, welcher Teil (bzw. welche

Teile) für das bisherige Verhalten verantwortlich oder daran beteiligt ist. Solange dieser Teil die angestrebte Handlungsweise für sein Anliegen nicht als angemessen ansieht, wird er dazu neigen, die alte Verhaltensweise zu bevorzugen. Er muß erst von der Wirksamkeit der neuen Handlungsweise überzeugt werden. Dies geschieht z. B. dadurch, daß ein Sinnbezug zum Kontext hergestellt wird.

Aus den verschiedenen Funktionen ergeben sich unterschiedliche Aufgaben und damit auch unterschiedliche Absichten der einzelnen Persönlichkeitsteile, für deren Abstimmung ähnliche Regeln Anwendung finden können wie bei Ziel-Konflikten.

Bei dem Teile-Modell sind Ähnlichkeiten mit der Gestalt-Therapie und systemischen Familien-Therapie erkennbar. Die → Hypnose und die Arbeit mit → Trance-Zuständen zeigen zusätzliche Wege auf, entweder das Bewußtsein in Kontakt zum Unbewußten zu bringen oder das Bewußtsein aus dem Abstimmungsprozeß innerhalb der Teile des Unbewußten herauszuhalten. Wahrscheinlich wird das NLP in diesem Bereich noch weitere Methoden entwickeln. Möglicherweise entstehen auch zusätzliche Transfer-Modelle für die Abstimmung in Gruppen und Organisationen, bei denen statt eines Kampfes mit Gewinnern und Verlierern die Funktionen und die grundsätzlich positiven Absichten der einzelnen Teile einer Gemeinschaft stärker beachtet werden.

Diese Methode, die zu den bekanntesten des NLP zählt,
baut auf dem Teile-Modell auf und stellt ein komplexes
Interventionskonzept dar. Der Einsatzbereich des Six-
Step-Reframing umfaßt nahezu alle Verhaltensweisen
oder Symptome, Zwänge und Phobien, für die sich das
Bewußtsein eine Änderung oder Tilgung wünscht. Es
kann sich um kleine Schwächen, aber auch um existen-
tielle Probleme handeln. Vielleicht geht es um das
«Rotwerden» in bestimmten Situationen, die Angst vor
geschlossenen Räumen oder einem Fahrstuhl, den
Hang zu riskanten Unternehmungen, Suchtverhalten
oder anderes.

Komplexes Interventionskonzept

Das jetzt unerwünschte Verhalten hat sich einmal als
die beste der damals zur Verfügung stehenden Alternativen herausgebildet. Als Erwachsenen sind uns heute
zwar andere Möglichkeiten gegeben als z. B. einem
Kind, das in bestimmten Situationen gelernt hatte, nur
über Krankheit oder Quengeln Zuwendung zu erhalten. Da sich dieses Verhalten einmal als wirksam erwiesen hatte, wurde es beibehalten, ohne zu berücksichtigen, daß sich Umstände und eigene Fähigkeiten
weiterentwickelt haben. Die Absicht, Zuwendung zu
erhalten, war und ist akzeptabel, das dafür eingesetzte
Verhalten heute jedoch nicht mehr effizient.

Das Six-Step-Reframing gliedert sich in folgende
Schritte:

1. **Bestimmung des Problemverhaltens:** Beispiel: Ich
esse zuviel, das macht mich zu dick, ich will besser aus-
sehen.

2. Kontaktaufnahme zu dem Teil des Unbewußten, der das Problemverhalten erzeugt: Hier ist es z. B. hilfreich, genau zu identifizieren, ob der Gesundheits-Teil, der für unser körperliches Wohlergehen sorgen will, verantwortlich ist oder der Geselligkeitsteil, der essen zur Kontaktpflege mit anderen benutzt.

3. Erforschen der positiven Absicht hinter dem Problemverhalten: Der Gesundheits-Teil will z. B. für die notwendige Energieaufnahme sorgen, weil wir besonderen Anstrengungen und Belastungen ausgesetzt sind; der Geselligkeits-Teil paßt sich den Eßgewohnheiten der Tischrunde an.

4. Kontaktaufnahme zu kreativen Teilen der Persönlichkeit, um zusätzliche Verhaltensalternativen zu erkennen, die gleichfalls die positive Funktion erfüllen können: Alternative Lösungen könnten z. B. ein ebenfalls nahrhaftes und vitaminreiches Essen sein, das aber weniger zum «Ansetzen» führt; oder das gleiche Essen, aber in kleineren Portionen etc. Eine weitere Möglichkeit besteht in der Reduktion des Energiebedarfs durch weniger Streß. Das erfordert es, auch diese Umstände abzuprüfen. Ähnliches gilt bei einer Umdeutung: dick künftig schön zu finden. Bei der Variante Essen als gesellschaftliche Kontaktpflege könnte überlegt werden, ob sich Wanderungen, Radtouren, Fitneßstudios oder ähnliche Gemeinschaftsunternehmungen nicht ebenfalls dazu eignen.

5. Überprüfung, ob Teile Einwendungen gegen die neuen Verhaltensalternativen haben (→Öko-Check): Bei dem Beispiel des Essens könnte der Gesundheits-Teil mit den neuen Eßgewohnheiten einverstanden sein,

möglicherweise meldet sich aber nun der für Lebens-
freude und Genuß zuständige Teil, der in der neuen
Menüauswahl eine Beeinträchtigung seines Lustemp-
findens sieht; kann er nicht überzeugt werden, muß
u. U. noch mal in die vierte Phase zurückgegangen werden, um eine weitere Variante der Menüzusammenstel-
lung zu finden, die von allen akzeptiert wird. Bei der ge-
sellschaftlichen Kontaktpflege können sich ähnliche
Überlegungen ergeben, beispielsweise durch auf Harmonie und Anpassung bedachte Teile.

6. **Auftrag an den Teil, der bisher für das Problemverhalten verantwortlich war, künftig die Verantwortung
für die Umsetzung der neuen Verhaltensalternative zu
übernehmen** (→ Future-Pace): Der Gesundheits-Teil
übernimmt die Verantwortung für die neue Eßgewohn-
heit. Die auslösenden Anker orientieren sich möglicherweise weniger am Essen selbst als an den Vorstellungen,
die beim Lesen der Menükarte ansetzen. Auch der Geselligkeits-Teil beginnt bereits bei den vorausgehenden
Verabredungen – sitzt man erst mal gemeinsam im Lo-
kal am Tisch, ist es häufig zu spät.

Die → Versöhnungs-Physiologie kann als Bestätigung
genutzt werden, daß die positive Absicht erkannt
wurde. Für die Arbeit mit den Teilen des Unbewußten,
insbesondere auch mit den kreativen Teilen, kann ein →
Trance-Zustand geankert werden (→ Anker). In einer
auf Frage und Antworten ausgerichteten Kommunikation zwischen Bewußtsein und Teilen des Unbewußten
können sich sprachliche Probleme ergeben, so daß es
hilfreich ist, Signale für «Ja» und «Nein» zu installie-

ren (z. B. Handzeichen) und das Thema über Ja/Nein-Fragen zu bearbeiten. So lassen sich Mißverständnisse leichter vermeiden und eindeutige Aussagen erzielen.

Trotz der klaren Struktur können sich in der konkreten Arbeit sehr komplexe Situationen ergeben, wenn mehrere Teile mit sogenannten «Sekundärgewinnen» am Verhalten beteiligt sind und von einer Veränderung betroffen werden. Hierbei können sich regelrechte Abstimmungskonferenzen ergeben, die auch als «innere Familientherapie» bezeichnet werden und die an die begleitenden Berater hohe Anforderungen stellen. Denn sie müssen die Übersicht bewahren.

Manchmal lösen sich schwerwiegende Probleme elegant und mit wenigen Interventionen. Andererseits können sich zunächst harmlos und einfach erscheinende Anliegen als sehr vielschichtig erweisen. Neben der Grundform wurden inzwischen mehrere Varianten entwickelt, zum Teil auch mit zusätzlichen, also mehr als sechs Schritten. Auch bei der Art der → Intervention gibt es mehrere Formen.

Verhandlungs-Modell

Manchmal geraten zwei Teile bei der Verfolgung ihrer Absichten derart in Konflikt miteinander, daß sie sich gegenseitig behindern oder sogar blockieren. Der eine Teil will abnehmen, der andere Teil greift zur Schokolade. Auch Entscheidungssituationen können von solchen Problemen torpediert werden. Hier kann das Verhandlungs-Modell hilfreich sein, das ähnlich wie das Six-Step-Reframing auf der Reframing-Technik basiert.

Es organisiert das schrittweise Aushandeln einer Lösung zwischen den beiden Teilen durch eine Art «Pendel-Diplomatie» oder als «ehrlicher Makler». Es ist erst dann beendet, wenn eine → Zwei-Gewinner-Lösung gefunden wurde, der alle Beteiligten zustimmen können.

Die Struktur gliedert sich gleichfalls in sechs Schritte, wobei die Phasen 4 und 5 mehrfach durchlaufen werden können, bis ein ausgewogenes und von allen akzeptiertes Ergebnis gefunden wird.

1. Themen- und Problembestimmung: das Dilemma zwischen X und Y.

2. Welche Funktion, welchen Nutzen hat X (welche Absicht verfolgt es)?

3. Welche Funktion, welchen Nutzen hat Y (welche Absicht verfolgt es)?

4. Kreative Phase: Finden neuer Lösungsalternativen.

5. Gibt es Einwände gegen diese Alternativen (von X und Y oder von anderen Betroffenen)?

6. Übernahme der Verantwortung für künftiges Verhalten (→ Future Pace).

Manchmal ergeben sich Probleme daraus, daß beide Teile zur gleichen Zeit aktiv werden: X will noch eine Aufgabe erledigen, und Y hat Sorge um die Gesundheit und sorgt für Müdigkeit. Die zeitliche Abstimmung funktioniert dann, wenn beide Teile davon überzeugt sind, daß bei der gefundenen Lösung jeder zu seinem Recht kommt, so daß sie sich jeweils zurückhalten, wenn der andere Teil aktiv ist, weil sie ihm vertrauen, anschließend an die Reihe zu kommen.

Innerer Dialog

Die Konferenz der Persönlichkeitsteile findet im Grunde ständig statt. Hier haben die verschiedenen Absichten mit ihren Anliegen eine Stimme, ebenso wie die unterschiedlichen Reaktionen auf die Wahrnehmungen. Oftmals ergreifen auch Erfahrungen oder die gespeicherten Ermahnungen unserer Eltern und Erzieher warnend oder auch aufmunternd das Wort. Im inneren Dialog entscheidet sich oft, ob wir uns Mut zusprechen oder dem Ganzen eine Absage erteilen. Welcher Teil wird überstimmt? Welche Ansicht verschafft sich Gehör?

Der innere Dialog findet fast ausschließlich im Unbewußten statt. Unser Bewußtsein hätte für nichts anderes mehr Zeit, wenn es ein ständiger Gesprächsteilnehmer sein wollte. Aber hier fallen oft die wesentlichen Vorentscheidungen. Deshalb ist es sinnvoll, dem inneren Dialog von Zeit zu Zeit Aufmerksamkeit zu schenken. «Hör auf deine innere Stimme», sagt oft der Volksmund, wenn es um wesentliche Fragen geht.

Das Achten auf den inneren Dialog ist auch der Weg nach innen. Dieser Zustand (→ Physiologie) zeigt sich beim → Augenmuster typischerweise im Blick nach unten links. So kann der geübte Beobachter auch bei seinem Gegenüber wahrnehmen, wann dessen Aufmerksamkeit nicht nach außen, sondern auf den inneren Dialog gerichtet ist. Oft ist das eine entscheidende Phase, in der Argumente abgewogen und neue Lösungen aufgegriffen werden. Wir zollen diesem Zustand beim anderen meist nicht genügend Respekt und holen ihn zurück ins Hier und Jetzt. Dadurch werden manchmal gute Chancen vertan. In der Selbststeuerung kann über die bewußte Augenstellung das Hineinhorchen in den inneren Dialog gefördert werden. Auch das mentale Training, z. B. zur Unterstützung von Spitzensportlern, setzt hier an, um den zuversichtlichen Teilen mehr Stimme zu geben als den mutlosen. Gelegentlich dringt dies dann im Wettkampf so weit nach außen, daß wir direkt wahrnehmen können, wie die betreffende Person sich selbst Mut zuspricht mit einem Kopfnicken oder einer begleitenden Geste.

Hemmenden Teilen nachzuspüren und jenen mehr Gehör zu verschaffen, die uns Spitzenleistungen ermöglichen, kann auch außerhalb des Sports ein sinnvolles Vorhaben sein. Der innere Dialog ist ein Weg dazu. Er ist die Konzentration nach innen, mit der innere Zerrissenheit und Konflikte aufgedeckt und aufgelöst werden können. Dies geschieht ähnlich wie beim → Six-Step-Reframing. Wir können dann selbst mitbestimmen, welche Teile in uns die Oberhand gewinnen.

Konzentration auf die inneren Stimmen

Öko-Check

Als Öko-Check bezeichnet man die ausdrückliche Überprüfung, ob eine geplante Veränderung auch von allen direkt oder indirekt betroffenen Teilen akzeptiert werden kann. Er ist eine Kontaktaufnahme zu dem ökologisch-ganzheitlichen System unseres → Unbewußten. Da die → Axiome des NLP grundsätzlich von einer positiven Absicht hinter jedem Verhalten ausgehen, wird so sichergestellt, daß bei der Veränderung von

Verhaltensweisen keine Absichten übersehen werden, die vom ursprünglichen Vorgehen abgedeckt wurden, im neuen jedoch unberücksichtigt bleiben. Denn dies könnte zu unvorhersehbaren Defiziten führen oder dazu, daß die übergangene Absicht die Verhaltensänderung sabotiert.

Der Öko-Check gehört bei der sauberen Anwendung von NLP-Techniken, die auf Intervention und Veränderung ausgerichtet sind, zur Abschlußarbeit.

Kongruenz

Dies ist die Bezeichnung für Übereinstimmung und Harmonie, z. B. zwischen → Körpersprache, Stimme und sprachlichem Inhalt. Kongruentes Verhalten ist auch eine zusätzliche Bestätigung für einen erfolgreich abgeschlossenen Öko-Check. Physiologisch zeigt sich dies zumeist in einer symmetrischen Körperhaltung – im Gegensatz zu einer derart ausgeglichenen und aufrechten Haltung steht die einseitige, nach links oder rechts (vorne oder hinten) geneigte Stellung, die mit ihrer «Schieflage» ein «Noch-nicht-in-der-Balance-Sein» signalisieren kann. Erforderlichenfalls kann sich der Berater oder Therapeut durch sorgfältiges → Kalibrieren ergänzende Referenzerfahrungen zur Überprüfung sichern.

Um Vorgehensweisen zu organisieren, werden Pläne gemacht und Strategien entwickelt. Sind sie sinnvoll, so unterstützen sie uns dabei, unsere Ziele zu erreichen. Sind sie ineffektiv, so führen sie bestenfalls zu eingeschränkten Ergebnissen. NLP untersucht auch, welche Strategien wir in unserer inneren Organisation entwickelt haben. Zugleich bietet es die Möglichkeit, erfolgreiche Strategien als Modell zu nehmen, um aus ihnen zu lernen und sie auch bei anderen Aufgaben einzusetzen.

Manchmal hätten wir zwar eine gute Strategie, aber wir geben uns (zumeist unbewußt) nicht die Erlaubnis, sie anzuwenden. Wir reduzieren unser Denken und unsere Möglichkeiten. Das Modell der Denkebenen ist hilfreich, auch hier Zusammenhänge und damit Möglichkeiten einer konstruktiven Einwirkung zu erkennen.

Strategien

Strategien sind geprägt durch die Schrittfolge der Vorgehensweise. Der Vorgang wird durch einen Auslöser in Gang gesetzt, die Informationen werden ausgewertet – z. B. anhand früherer Erfahrungen. Dann folgt die Steuerung des Verhaltens. Die Abfolge ist dem Prozeß

der Datenverarbeitung vergleichbar: Input – Verarbeitung – Output. Im NLP wird jedes Verhalten als Strategie aufgefaßt. Die Variablen sind: Was löst einen Vorgang aus? Auf welche Referenzerfahrungen und Bewertungen wird zurückgegriffen? Wie erfolgt die Schlußfolgerung?

«Der Mantel dort drüben ist mir sofort ins Auge gefallen. Dann habe ich mich gefragt, was wohl die Leute sagen würden. Ich habe den Eindruck, er ist doch zu extravagant für mich.» Der potentielle Kunde hat hier nicht nur sein Entscheidungsergebnis mitgeteilt, sondern auch seine Strategie. Die Brücke besteht darin, daß in jedem Schritt ein bestimmtes → Repräsentationssystem aktiviert wird. Der Schlüssel, dies zu erkennen, liegt in der genauen Wahrnehmung der → Augenbewegungen oder (worauf wir uns hier beim Lesen beschränken müssen) des → Sprachverhaltens.

Die Entschlüsselung ist: 1. «Ins Auge fallen» = visuell. 2. «Frage mich», «was sagt» = auditiv. 3. «Eindruck» = kinästhetisch. Die Abfolge ist hier also: visuell von außen, auditiv nach innen, kinästhetisch nach innen.

Eine andere Regelung der Abfolge sinnesspezifischer Aktivitäten wäre z. B. auditiv von außen, kinästhetisch nach innen, visuell-konstruierend: «Der Mantel hat mich gleich angesprochen, ich habe dann in mich hineingespürt. Ich sehe mich noch nicht darin.» Es gibt eine Vielzahl von Kombinationsmöglichkeiten und eine entsprechend hohe Anzahl von Strategien, die auch komplizierter sein können, besonders dann, wenn der zweite Schritt in mehrere Teilschritte untergliedert ist.

Es müssen nicht immer alle drei verschiedenen Wahrnehmungsebenen in der Strategiefolge vorkommen, aber jeder Strategieschritt ist mit jeweils einer Wahrnehmungsebene verbunden.

Es gibt Strategien, die erfolgreich sind, und es gibt solche, die nicht zum Ziel führen. Sie können durch die Individualität der Menschen bestimmt sein und sich auch von Situation zu Situation unterscheiden. Was für eine geschäftliche Verhandlung gilt, muß nicht unbedingt beim Rendezvous wirksam sein.

Für das Arbeiten mit Strategien gibt es grundsätzlich zwei Blickrichtungen:

■ **Habe ich die für mein Thema erfolgreiche Strategie?**

■ **Welche Strategie setzt der andere ein?**

Das Erkennen und Berücksichtigen der Strategie des anderen könnten z. B. dem Verkäufer in unserem ersten Fall helfen, dem Kunden einen anderen Mantel zu zeigen und zu ergänzen: «Schauen Sie, hier ist auch ein sehr ansehnliches Stück. Von Kunden habe ich bisher nur Gutes gehört, und es hat eine sagenhafte Qualität. Man spürt richtig, wie wohlig man sich darin fühlen kann.» Der Verkäufer hat den Kunden in seiner Abfolge begleitet, also eine Strategie (visuell, auditiv, kinästhetisch) aktiviert, die zu einer Kaufentscheidung führen könnte. Würde er hingegen entgegnen: «Sagen Sie mir doch erst einmal genau, was Sie suchen. Haben Sie sich schon gefragt, was das richtige für Sie ist? Ich will dann gerne nachsehen, und wir können sehen, wie es ausschaut», dann würde er den Kunden irritieren und ihn durch seine abweichenden Signale von dessen eigener Strategie immer wieder ablenken. Es geht hier weniger um → Manipulation, sondern darum, dem anderen zu helfen – oder zumindest nicht daran zu hindern –, die Strategie bei sich zu aktivieren, die für ihn bei dem anstehenden Thema erfolgreich ist.

Strategie ist immer dann effizient, wenn sie zum Ziel führt. Anderenfalls führt sie uns in die Sackgasse. Wir können uns dann oft nicht richtig entscheiden. In diesem Fall ist es sinnvoll, die Strategie zu überprüfen.

Die Überprüfung kann darin bestehen, daß zunächst ein zum Thema passendes Ereignis, das erfolgreich abgeschlossen wurde, in Erinnerung gerufen wird. Es wird dann mit möglichst allen Sinnen (→ Wahrnehmung) nacherlebt (erster Schritt).

Im zweiten Schritt wird die damalige Vorgehensweise möglichst genau beschrieben. Woran wurde bemerkt, daß es um dieses Thema ging? (War es etwas, was Sie gesehen haben, gehört, gespürt; was löste zuerst den Impuls oder den Gedanken aus?) Was ließ Sie dann im Prozeß der Entscheidungsfindung weitergehen? (Welche Gedanken kamen, welche inneren Bilder, was wurde gefragt, gesagt, gehört, was gefühlt, was geschah dann?) Schließlich geht es um den Moment des Abschlusses: Wodurch wurde die Entscheidung getroffen? (Haben Sie ein Bild oder etwas anderes gesehen? Gab es Stimmen, Worte oder Musik? Entstand ein bestimmtes Gefühl? Was ist Ihnen sonst noch aufgefallen?)

Die Auswertung im dritten Schritt macht deutlich, welche Wahrnehmungsebene in der jeweiligen Phase dominierte. Wenn alle → V.A.K.O.-Ebenen abgefragt und beantwortet werden, so kann der aufmerksame Zuhörer erkennen, wann Worte, die zum Sprachverhalten der dominierenden Ebene gehören, auch bei anderen Beschreibungen verwendet werden.

Die Übung kann mit einem Partner oder im Rahmen einer Beratung oder eines Coachings durchgeführt werden; wer sie für sich alleine macht, sollte ein Tonband mitlaufen lassen, um nicht während des ersten und zweiten Schrittes durch gleichzeitiges Zuhören abgelenkt zu werden.

Zur Gegenprobe kann die gleiche Übung nochmals für ein nicht erfolgreich abgeschlossenes Ereignis durchgeführt werden, dem offenbar auch keine Erfolgsstrategie zugrunde lag. Normalerweise gibt es dabei markante Unterschiede. Oft liegen sie bereits im ersten Impuls, in dem Reiz, der die Strategie aufruft. «Wir sind falsch angesprochen worden», «auf dem linken Fuß erwischt», «haben nicht den richtigen Einstieg gefunden», «keinen Zugang gefunden» oder ähnliche Sätze weisen darauf hin, daß die erste Weichenstellung vielfach über den Erfolg entscheidet. Mit etwas Übung kann die Aufmerksamkeit auf erfolgreiche Auslöser konzentriert werden.

Manchen Menschen stehen nur wenige Strategien zur Verfügung. Ein ausreichendes Repertoire erhöht jedoch die Flexibilität und damit die Erfolgschancen. Es können auch Strategien modifiziert oder anhand von Modellen entwickelt werden. Soweit dies von einem Berater oder Coach begleitet wird, stehen diesem neben dem Sprachverhalten als Beobachter auch

die → Augenmuster als Informationsquelle zur Verfügung.

Strategien laufen zumeist im Unbewußten ab. Eine Bewußtmachung ist dann sinnvoll, wenn sie nicht mehr effizient sind oder Erfolgsstrategien auf neue Situationen übertragen werden sollen. Zum Abschluß der Arbeit wird das Ergebnis üblicherweise im Rahmen eines → Future-Pace wieder in die Verantwortung des Unbewußten übergeben.

Strategien im Sinne von ordnenden Regeln können auch als Syntax der Vorgehensweise verstanden werden. Es kommt nicht nur darauf an, das Richtige richtig zu tun, sondern es auch in einer sinnvollen Reihenfolge zu tun. Auch in der Sprache erhalten die einzelnen Worte erst durch die Syntax, die richtige Anordnung, die wahre Bedeutung. Zwischen «Hund biß Max» und «Max biß Hund» besteht zwar nur ein Unterschied in der Anordnung der Wörter, aber das Ergebnis ändert sich entscheidend.

Denkebenen

Um erfolgreiches Handeln zu erreichen oder eventuellen Störungen auf die Spur zu kommen, können wir uns auf verschiedene Denkebenen begeben. Dies ist ein Modell, mit dem verschiedene Denkvorgänge zugänglich und in ihrem Zusammenwirken transparent gemacht werden können.

Es beschreibt zunächst, wie sich unser Verhalten in einer *Umwelt* vollzieht. Unser Denken wird von der subjektiven Abbildung, die wir uns von der Umwelt machen (→ innere Landkarte), geprägt. Wenn wir in Hamburg den Stadtplan von Köln benutzen, so verhilft uns das Kartenlesen nicht zur richtigen Orientierung.

Die nächste Ebene ist unser *Verhalten.* Das gleiche Verhalten kann in einer anderen Umwelt zu unterschiedlichen Ergebnissen führen. Es gilt also, die der Situation angemessene und konstruktive Verhaltensweise zu erkennen. Hierbei hilft uns das → Feedback, die Rückmeldung, die wir von außen auf unser Verhalten empfangen. Müßte nach unserem Kölner Stadtplan an der nächsten Ecke rechts die Hohe Straße beginnen, während dort tatsächlich der Jungfernstieg beginnt, so hat es wenig Sinn, den Fehler beim Straßenschild zu suchen. Der Hinweis sollte uns zum Umdenken und zu entsprechenden Verhaltensänderungen veranlassen.

Fähigkeiten sind der Aspekt der nächsten Ebene. Neben der ungünstigen Abstimmung mit der Umwelt kann der Grund für ungünstiges Verhalten in mangelnden Fähigkeiten liegen. Wir haben in Petersburg den richtigen Stadtplan, können aber die kyrillische Schrift nicht lesen. Ein geflügeltes Wort in Beratungen lautet: «Wer als Werkzeug nur den Hammer kennt, für den muß jedes Problem ein Nagel sein.» Wollen wir auch andere Situationen angemessen meistern, dann müssen wir uns zusätzliches Werkzeug zulegen, also das Repertoire unserer Fähigkeiten erweitern.

Glaubens- bzw. Wertsysteme können uns am Einsatz von Fähigkeiten, die wir haben, hindern und unsere Verhaltensmöglichkeiten einschränken. Sie verweigern uns die Erlaubnis, bestimmte Werkzeuge zu benutzen. «So was tut man doch nicht!» Hierzu zählen auch die

Die sechs Denkebenen:
- **Umwelt,**
- **Verhalten,**
- **Fähigkeiten,**
- **Wertsystem,**
- **Identität,**
- **Hingabe**

zumeist im Unbewußten wirkenden Normen und frühen Prägungen, z. B. aus Ermahnungen und Verboten. Aber nicht alles, was wir übernommen haben, muß richtig sein und vor allem nicht in jeder Situation. Außerdem gilt für den Erwachsenen nicht dasselbe wie für das frühere Kind. Werden hier ungünstige Einschränkungen erkennbar, so ist ein Aufarbeiten unserer → Glaubenssätze sinnvoll. «Man geht nicht allein über die Straße» ist für einen erwachsenen Mann abends um zehn Uhr in einer fremden Stadt keine hilfreiche Überzeugung mehr. Normen sollen helfen, aber nicht unnötig einschränken. Auch hier gilt es, die notwendige Flexibilität zu erreichen.

Identität und *Rollenverständnis* können gleichfalls zu unnötigen Einschränkungen führen. Dies zeigt sich daran, daß wir Fähigkeiten, die wir besitzen und die wir uns grundsätzlich erlauben, in manchen Situationen nicht einsetzen können, weil z. B. unser Rollenverständnis uns dies untersagt. Jemand ist im privaten Kreis sehr spontan und offenherzig, in seiner beruflichen Rolle glaubt er jedoch, dies nicht sein zu dürfen. Damit blendet er entsprechende Verhaltensweisen aus, auch wenn sie ihm möglicherweise gerade dort helfen könnten, festgefahrene Situationen erfolgreich aufzulösen.

Die letzte Ebene, die als *Hingabe* bezeichnet werden kann, ist nicht einfach zu fassen. Sie wird gekennzeichnet durch die Verbundenheit zu etwas Höherem, außerhalb von uns Liegendem, dem wir uns verpflichtet fühlen. Die dort gesetzten Normen werden von uns als verbindlich übernommen und engen damit unsere eigene Wahlfreiheit ein. Die Art der Bindung kann zwi-

Die sechs Denkebenen:
- Umwelt,
- Verhalten,
- Fähigkeiten,
- Wertsystem,
- Identität,
- Hingabe

schen Loyalität und blindem Gehorsam schwanken. Oftmals werden sie gerade von außen als negative Einengungen gesehen, beispielsweise bei der Mitgliedschaft in sektenähnlichen Gruppen. In aller Regel ist diese Ebene nicht ohne weiteres einer einfachen Veränderungsarbeit zugänglich und kann bei Auflösung noch stärker als die vorhergehenden zu Identitätsverlust führen.

Das Modell der Denkebenen erlaubt es, beim Verändern oder Neuinstallieren von Verhaltensweisen eventuelle Widerstände sinnvoller differenzieren und zuordnen zu können. Dadurch können die unterschiedlichen Interventionsmöglichkeiten gezielter und effizienter eingesetzt werden. Beim Erwerb von Fähigkeiten und der Veränderung von Verhaltensweisen können mit dem → Ankern und dem → Reframing gute Ergebnisse erzielt werden. Veränderungen auf den dahinterliegenden → Meta-Ebenen sind zumeist deutlich komplexer, weil sich hier Fragen nach den Grundüberzeugungen und der eigenen Identität stellen.

Chunking

Der Wechsel der logischen Ebenen wird im NLP als Chunking bezeichnet. Der Begriff ist aus der Computersprache entlehnt. Er bezieht sich sowohl auf die komplexe Einheit als auch auf die einzelnen Elemente, wobei je nach Blickrichtung eine Gliederung des Ganzen auf die Teile hin oder eine Zusammenfassung der Elemente zu größeren Einheiten gesehen wird.

Für die Denkrichtung wird auch von vertikaler Ela-

stizität gesprochen. Sie erlaubt es, entweder mehr auf das Ganze oder mehr auf die Details zu achten. Entsprechend wird von einem Chunking-Up bzw. von einem Chunking-Down gesprochen.

Chunking-Down geht auf konkrete Ebenen ein und löst Details im Sinne einer funktionsfähigen Operationalität. Hier geht es um konkrete Fähigkeiten und Verhaltensweisen.

Das *Chunking-Up* ist der Weg auf ein höheres Abstraktionsniveau. Hier geht es um die Erarbeitung von Zielen und die Berücksichtigung der dahinterstehenden Absichten und Werte.

Die Meta-Ebene:
das Fundament unseres Denkens

Die Meta-Ebene kann als eine übergeordnete Ebene bezeichnet werden oder – je nach Sichtweise – auch als die dahinterliegende oder grundlegende. Hier erfolgen grundlegende Weichenstellungen, die beeinflussen, worauf wir unsere Aufmerksamkeit richten, was uns wichtig ist. Die Meta-Ebene beinhaltet auch das Fundament unseres Wertsystems, sie bildet praktisch die Grundstruktur unseres Denkens.

Imprints

Unter Imprints werden Erfahrungen verstanden, die als Grundlage unserer Orientierung prägend sind. Aus ihnen entwickeln sich → Meta-Programme und → Glaubenssätze. Sie entstehen zum Großteil in relativ frühen Lebensjahren oder durch besonders eindrucksvolle und bedeutsame Erfahrungen. Als Schlüsselerlebnis führen sie zu nachhaltigen Schlußfolgerungen, die dann als verallgemeinernde Überzeugungen auch in der Zukunft wirksam sind. Zum einen erfüllen sie eine sinnvolle Funktion in der Lebensgestaltung eines Menschen, auf der anderen Seite können sie Entwicklungen erschweren oder gar verhindern. Auch hier stellt sich die Frage nach

der richtigen Balance, nach Stabilität und Sicherheit einerseits sowie Unvoreingenommenheit und Flexibilität andererseits. Imprints werden meist bei der Suche nach individuellen Lösungen und angemessenen Verhaltensweisen als persönlichkeitsprägende Merkmale akzeptiert. Dort, wo problematische Imprints zu gravierenden Beeinträchtigungen führen, kann es sinnvoll werden, sie zu analysieren und zu verändern. Dies geschieht durch ein sogenanntes Re-Imprinting, das ähnlich dem → Change History auf frühere Schlüsselerlebnisse zurückgeht und unter Nutzung zusätzlicher Ressourcen die früher getroffene Schlußfolgerung überprüft und ggf. verändert. Hierzu sind größte Sorgfalt, Erfahrung und eine umfassende ökologische Überprüfung erforderlich, da zumeist auch eine Reihe späterer Schlußfolgerungen mitbeeinflußt wird.

T. O. T. E.

T. O. T. E. ist die Abkürzung für «Test-Operate-Test-Exit» und beschreibt die allen Verhaltensprogrammen zugrundeliegende Struktur. Das erste «Test» steht für den Auslöser, die Absicht, das Ziel und «Operate» für die Handlung, den Ressourceneinsatz zur Zielerreichung. Im zweiten «Test» wird überprüft, ob und inwieweit das Ziel erreicht ist. «Exit» ist dann die Beendigung des Vorganges. Ein simples schematisches Beispiel mag dies verdeutlichen: Wir wollen Licht einschalten (erster Test). Das ist der erste Schritt, die Absicht, die die Handlung auslöst. Als zweites folgt die eigentliche Handlung, und zwar durch das Betätigen des Schalters (Operate). Im dritten Schritt wird überprüft, ob diese Handlung auch zum gewünschten Erfolg, nämlich zum Aufleuchten des Lichts, geführt hat (zweiter Test). Ist diese Überprüfung erfolgreich, das Licht brennt, stimmt das Ergebnis der Handlung also mit der ursprünglichen Absicht überein, so kann der Vorgang beendet werden (Exit, Ausgang). Wäre das Ergebnis nicht befriedigend, so würde eine Verzweigung in eine erweiterte Strategie, in einen weiteren Handlungsablauf, notwendig werden, z. B. durch die Überprüfung, ob die Birne noch heil oder der Strom eingeschaltet ist. Um eine korrekte Rückmeldung über die Zielerreichung zu sichern, muß das Ziel zuvor so konkret bestimmt sein, daß eine sinnesspezifische Überprüfung möglich wird (→ Wohlgeformte Ziele).

Erfolg ist Grad und Art der Zielerreichung, also kein absoluter Begriff, sondern abhängig von den individuellen Absichten. Erfolgserlebnisse entstehen, wenn eine Zielerreichung auch zur Kenntnis genommen und entsprechend gewürdigt wird. Die Anerkennung macht die Zielerreichung wertvoller und steigert die Motivation, insbesondere, wenn dies nicht nur auf der kognitiven Ebene erfolgt, sondern auch die → Libido lustvoll miteinbezieht. Sinnvolle Zwischenziele (kurzer Feedback-Bogen bei wohlgeformten Zielen) steigern die Motivation ebenfalls. Ziele sollten anspruchsvoll, aber erreichbar sein, um sich nicht selbst um das Erfolgserlebnis zu bringen.

Mit Hilfe von T. O. T. E. kann die Zielerreichung überprüft werden

Meta-Programme

Die durch prägende Erfahrungen geschaffenen Meta-Programme sind der Schlüssel zur internalen Informationsverarbeitung. Sie beeinflussen, worauf sich unsere Aufmerksamkeit richtet und was in der Wahrnehmung ausgefiltert wird, wie wir die Informationen (unbewußt) ordnen (→ innere Landkarte) und wie Entscheidungen und Schlußfolgerungen getroffen werden. Durch ihren grundsätzlichen Charakter prägen sie eine Vielzahl von Verhaltensweisen.

Einige dieser strategischen Muster, die die Orientierung des Denkens wesentlich bestimmen, werden nachfolgend kurz aufgeführt:

Ein Meta-Programm bezieht sich darauf, ob das Verhalten «auf etwas zu» oder «von etwas fort» erfolgt. Oder anders ausgedrückt: Liegt die Triebfeder eher darin, etwas zu erreichen, oder darin, etwas zu vermeiden. Meta-Programme der ersten Art sind durch die Vorstellung, was sie durch eine Aktivität erreichen können, zu motivieren. Die zweite Gruppe reagiert eher auf das, was vermieden werden soll.

Werden die Ähnlichkeiten (Matching) oder die Unterschiede (Mis-Matching) stärker wahrgenommen? So ist es bei manchen Berufen und Aufgaben hilfreich, das Gemeinsame und Verbindende zu erkennen und in den Vordergrund zu stellen, bei anderen dagegen – z. B. bei Kontrollfunktionen – ist es wichtig, die Abweichungen und Differenzierungen zuverlässig zu beachten.

Ein weiteres Meta-Programm bezieht sich darauf, ob die Orientierung eher nach einem inneren oder nach einem äußeren Bezugsrahmen erfolgt. Dies äußert sich beispielsweise darin, ob wir die Bestätigung, ob etwas gut und richtig ist, in uns finden oder ob wir Zustimmung von außen suchen. Auch hier hat beides Vor- und Nachteile. Wenn beispielsweise ein Forscher beharrlich am Thema bleibt, obgleich er von anderen belächelt wird, so hilft ihm seine interne Referenz; während die dann weniger ausgeprägten externen Bezugsrahmen ihn anderen gegenüber oft unsensibel und rücksichtslos sein lassen. Wenn er dagegen Anerkennung von außen sucht, ist es umgekehrt. Was andere denken und sagen, ist wichtiger, und er stellt sich schnell darauf ein.

Auch die Strategie, die jemand anwendet, um etwas glauben zu können, kann bedeutsam sein. Neben der Kombination von Sinnesdaten (sehen, hören, fühlen) spielt dabei eine Rolle, wie häufig diese Überzeugung erfolgen muß. Die Sätze «Ich möchte jeden Tag spüren, daß du mich liebst» und «Ich habe es dir doch bei unserer Verlobung gesagt» spiegeln zwei solcher möglichen Extreme wider.

Ein weiterer Aspekt ist, ob die Wahrnehmung vornehmlich auf die eigenen Bedürfnisse bezogen ist oder auf die von anderen. Für in Service-Berufen Tätige ist es z. B. günstig, wenn sie eine Beziehung stärker danach beurteilen, was sie für andere tun, als daran, was sie selbst davon haben. Bei der Vertretung eigener Interessen ist jedoch der Vorrang eigener Bedürfnisse günstiger.

Einige NLP-Anwender versuchen sich auf wenige Meta-Programme zu konzentrieren, andere bevorzugen eine stärkere Differenzierung. Weitere Differenzierungskategorien könnten beispielsweise sein: Dominiert eher das Gefühl, oder stehen die logischen Kriterien im Vordergrund? Wird ein unabhängiger oder ein kooperativer Arbeitsstil bevorzugt? Orientiert sich die Wahrnehmung eher an Möglichkeiten oder mehr an Notwendigkeiten? Motivieren neue Wege, oder ist der Bezug auf Bekanntes, Sicheres und Kontinuierliches wichtiger? Ist das Interesse eher auf ein globales Gesamtbild gerichtet, oder orientiert es sich stärker an Details?

Jede Ausprägung hat ihre Vorteile und ihre Schwächen. Es gibt also kein besser oder richtig im absoluten Sinne. Schon die alten Griechen sagten: «Ob etwas Gift ist oder Medizin, sagt nicht das Ding an sich, sondern die Dosierung.» Hinzu kommt, in welchem Zusammenhang es angewendet wird. Es kann sinnvoll sein, sich Betätigungsfelder, Aufgaben oder einen Beruf zu suchen, die in ihren Anforderungen möglichst weitgehend den eigenen Meta-Programmen entsprechen. Andere tendieren dazu, an ihren Meta-Programmen und deren Multiplizierung zu arbeiten. Leider wird daraus manchmal auch ein Dagegen-an-Arbeiten. Die Frage ist: Suche ich mir das passende Umfeld, oder passe ich mich dem Umfeld an? Hier bietet sich zur Klärung eine ökologische Gesamtschau an, die die konkrete Situation berücksichtigt. Darüber hinaus kann es hilfreich sein, dominierende Meta-Programme bei anderen zu erkennen. Es erleichtert das Miteinander, wenn wir wissen, woran sich unser Partner orientiert.

Glaubenssätze werden auch als Glaubenssysteme, Über-
zeugungen, Grundüberzeugungen oder Wertsysteme
bezeichnet. «Der Glaube versetzt Berge.» Dieses Sprich-
wort beschreibt die Macht und die Wirksamkeit von
Glaubenssätzen. Leider gilt dies auch bei destruktiven
Überzeugungen im Sinne einer sich selbst bewahrheiten-
den Prophezeiung. Dann steuern unsere Glaubenssätze
die → selektive Wahrnehmung so, daß nur Informationen aufgenommen werden, die als Beweis für das
dienen können, was wir schon immer geglaubt haben.
Danach richtet sich dann auch unser Verhalten aus und
provoziert zusätzlich entsprechend bestätigende Reaktionen aus der Umwelt.

«Ich kann nicht …», «ich bin …», «das … steht mir
nicht zu» etc. oder «keiner mag mich» können Teile
unseres Glaubenssystems sein und zu erheblichen Einschränkungen führen. Was wir jedoch im Denken ausschließen, wird sich für uns kaum verwirklichen.

NLP bietet auch zur Veränderung von Glaubenssät- **Veränderungen**
zen Methoden an. Dem → Öko-Check kommt dabei **von Glaubens-**
besondere Bedeutung zu. Das Wesen von Überzeugun- **sätzen**
gen besteht darin, daß sie nicht in Zweifel gezogen
werden. Abweichungen – Unterschiede und Differenzierungen – werden oft nicht mehr beachtet. Daher gewinnen die → Submodalitäten bei der Bearbeitung von
Glaubenssätzen eine herausragende Funktion. Über die
Erkenntnis von Differenzierungen werden Zweifel an
der Allgemeingültigkeit zulässig und Relativierungen
möglich. Außerdem weicht die bildhafte Repräsenta-

tion der als allgemeingültig angesehenen Überzeugungen stark von der der Erfahrungen, über deren Zuverlässigkeit wir im Zweifel sind, ab. Die visuellen Wahrnehmungen von Überzeugungen sind häufig Standbilder, scharf und in Schwarzweiß (interessant vielleicht der Sprachgebrauch «das steht fest» oder «sieh nicht immer alles schwarzweiß»). Dort, wo wir noch zweifeln, sind die Abbildungen dagegen oft farbig, Filme oder Videos (es ist noch alles in Bewegung) und unscharf eingestellt (es ist noch nicht ganz klar). Wenn Glaubenssätze überprüft und modifiziert werden sollen, kann dies so vor sich gehen: die zum Glaubenssatz gehörende Erfahrung wird zunächst bildhaft repräsentiert, und dann wird durch die schrittweise Veränderung der → Submodalitäten die bildhafte Form entsprechend entwickelt. Einem Bild in Schwarzweiß wird Farbe hinzugegeben, die Schärfeneinstellung wird variiert und in weichere Konturen aufgelöst, das feststehende Bild wird verändert, bewegt, vergrößert oder verkleinert etc. Im bildlichen Sinne wird damit der Glaubenssatz in Zweifel gezogen, die Sichtweise verändert.

Dieses Vorgehen kann auch umgekehrt eingesetzt werden, wenn Zweifel ausgeräumt werden sollen. Auf jeden Fall ist zu überprüfen, ob mit dem Zweifel oder mit der Überzeugung noch zusätzliche Absichten und Funktionen (Sekundärnutzen) verbunden sind, die zunächst noch nicht beachtet werden (→ Öko-Check und → Future Pace).

Spezielle Methoden und Wege des NLP

Zum Abschluß dieser Einführung in das Neuro-Linguistische Programmieren sollen noch einige Verfahren kurz angesprochen werden, die teilweise als unterstützende Techniken in die Arbeit mit verschiedenen NLP-Methoden integriert werden oder auch eigenständig besondere Aspekte unterstützen.

Als-ob-Methode

Manchmal bestehen bereits zu Beginn Hemmnisse, sich ganz auf etwas Neues einzulassen. Hier kann die Als-ob-Methode als imaginärer Bezugsrahmen helfen, z. B. wenn eine neue Fähigkeit erworben werden soll, jedoch Zweifel bestehen, ob man das wirklich will.

Das So-tun-als-Ob ermöglicht einen Probelauf. Dadurch, daß wir erst später wirklich entscheiden müssen, können wir uns auf den Prozeß einlassen, statt ständig zwischen der Rolle des Probierenden und des Prüfers zu wechseln. Das Als-Ob ist eine spielerische Lernform, so wie auch Kinder oftmals verschiedene Rollen des Erwachsenseins und des Berufslebens spielen.

Imaginärer Bezugsrahmen für einen «Probelauf»

Columbo-Technik

Sorgfältiges Beobachten

Diese Metapher bezieht sich auf den zerstreut wirkenden und doch so sorgfältig beobachtenden Inspektor Columbo, den Helden einer amerikanischen Krimi-Serie, dem selbst Kleinigkeiten nicht entgehen, obwohl sein Gegenüber diese Sorgfalt (zunächst) nicht merkt, ihn für trottelig hält und sich selbst sicher fühlt. Ähnlich funktioniert auch die Columbo-Technik, die es einem Berater erlaubt, sorgfältig zu beobachten – was ja für das → Kalibrieren notwendig ist –, ohne dies den Betreffenden spüren zu lassen. Denn dadurch können Verunsicherungen entstehen.

So könnten Fragen eines Coachs lauten: «Entschuldigung, könnten Sie das eben noch einmal wiederholen, damit ich es für meinen Bericht vollständig habe? Das fand ich gerade sehr interessant, da kann ich selbst noch etwas draus lernen ..., darf ich dazu noch ein paar Fragen stellen? ... Irgendwie kommt mir gerade so ein Gedanke ...» Diese eher verhaltene Form des Nachfragens vermeidet es, dem Thema schon durch die Frage eine Gewichtung zu verleihen, die dann die Antworten beeinflussen könnte. Zugleich erlaubt das behutsame Vorgehen ein penetranteres, intensiveres Nachforschen bei den einzelnen Punkten. Schließlich wird es für den Coach leichter möglich, eigene Intuitionen wie einen «Versuchsballon» einzubringen und «als Versehen» wieder zurückzunehmen, wenn die Reaktion des Partners es sinnvoll erscheinen läßt. Anders ausgedrückt: Es soll vermieden werden, daß sich der zu Beobachtende durch die Beobachtung verändert.

Die Bezeichnung setzt sich zusammen aus «Penetrant» und «Trance». Damit wird das konsequente, hartnäckige Nachfragen betont, das es dem Befragten ermöglicht, in → Trance zu gehen und in einem inneren Suchprozeß unter Mitwirkung des Unbewußten stimmige Antworten zu finden. Es dient besonders der Herausarbeitung → wohlgeformter Ziele. Im NLP geht die Zieldefinition grundsätzlich der Veränderungsarbeit voraus. Erst danach werden die zur Zielerreichung notwendigen Ressourcen aktiviert. Diese Methodik des Nachfragens wurde von Thies Stahl entwickelt und wird vorwiegend in Beratungsfällen oder beim Coaching angewendet. Sie entspricht dem generellen Vorgehen bei Veränderungsarbeiten im NLP: zunächst die Ziele konkretisieren und formulieren, sodann Ressourcen zur Zielerreichung aktivieren, die ökologische Verträglichkeit überprüfen (→ Öko-Check) und schließlich das bisherige, als unerwünscht angesehene Problemverhalten zu würdigen und gegebenenfalls in einen neubestimmten Kontext einzuordnen. Der erfolgreiche Abschluß wird durch eine Ziel- oder Versöhnungs-Physiologie bestätigt.

Hartnäckiges Nachfragen

Das PeneTRANCE-Modell berücksichtigt die Erfahrung, daß auf eine einfache Frage meist nicht sofort eine konkrete Antwort gefunden wird. So kann z. B. auf die Frage nach dem Ziel mit der Schilderung des Problems oder einem vagen Wunsch geantwortet werden. Die Konkretisierung wird zunehmend durch hartnäckiges, respektvolles und detailliertes Nachfragen erreicht.

Trance

Konzentration und Kontemplation

Mit dem Begriff «Trance» wird im NLP ein nach innen gerichteter Zustand bezeichnet. Er ermöglicht einen intensiveren Kontakt zu unseren Wünschen, Ressourcen und unbewußten Absichten. Ablenkungen von außen sind dabei weitgehend ausgeschaltet. Es ist also auch ein Weg der Konzentration und Kontemplation, der z. B. auch durch Meditation beschritten werden kann. Die Auslösung des Trance-Zustandes (→ Trance-Physiologie) stellt den Kontakt zu unbewußten Ebenen her. In der NLP-Arbeit wird Trance besonders dort eingesetzt, wo die Zusammenarbeit mit Teilen des Unbewußten angestrebt wird.

In manchen Kulturen ist Trance auch ein Weg zur Ich-Findung oder Selbstheilung. Bei uns wird der Trance-Zustand oft als Geistesabwesenheit interpretiert, obwohl er ein wertvolles Moment kreativer Arbeit und Neuorientierung sein kann.

Hypnose

In der Hypnose wird ein tranceähnlicher Zustand durch einen Hypnotiseur ausgelöst, der zugleich die Prozeßführung übernimmt (→ Prozeßinstruktion). Dies erlaubt dem Betreffenden ein stärkeres Ausschalten des eigenen Bewußtseins und damit eine gesteigerte Konzentration nach innen. Die Zusammenarbeit setzt ein entsprechendes Vertrauensverhältnis voraus. Milton H. Erickson war einer der bekanntesten Therapeuten, der die Hypnose in der Psychotherapie erfolgreich anwendete. Seine Arbeit wurde von Richard Bandler und John Grinder bei der Entwicklung des NLP miteinbezogen. Aus diesem Grund enthält NLP eine Reihe von Elementen, die auf die Hypnose-Therapie zurückführbar sind, beispielsweise der Dialog mit Teilen des Unbewußten (→ Teile-Modell).

Prozeßinstruktionen

Prozeßinstruktionen sind gezielte Anweisungen des Beraters bzw. Coachs an den Klienten, mit denen dieser durch einen bestimmten inneren Prozeß geführt wird. Die Anweisungen können sehr direkt und konkret gegeben werden oder auch bewußt vage. Direkte Anweisungen sind z. B.: «Atmen Sie bitte tief durch, und schließen Sie Ihre Augen. Vergegenwärtigen Sie sich nun bitte die folgende Szene, die ich Ihnen jetzt beschreiben werde ...» In der vagen Form wird oft das Wort «während» verwendet, weil seine integrierende Wirkung es erlaubt, bestimmte Prozeßschritte einzuleiten und es dann dem Klienten zu überlassen, sie mit konkreten Inhalten zu füllen. Z. B.: «... und während Sie all dies mit verschiedenen Sinnen wahrnehmen, was Sie jetzt innerlich noch mal erleben, spüren Sie, welche Bedeutung dieses Ereignis in der Vergangenheit für Sie hatte ..., was Sie daraus lernen konnten ...» Diese Anweisungen beziehen sich konkret und direktiv auf den Prozeß, ihr Inhalt ist jedoch offen für das, was der Klient damit verbindet. Der Berater übernimmt dabei die Verantwortung für den Ablauf der Arbeit und respektiert gleichzeitig, daß der Klient sie selbst mit kon-

Anweisungen zur Führung des inneren Prozesses

kreten Inhalten füllt. So vermeidet es der Coach, eigene Phantasien und Spekulationen in die Geschichte des anderen zu übertragen. Diese Vorgehensweise wird vor allem bei Trance und Hypnose eingesetzt. Dadurch wird vermieden, daß die Angebote des Coachs Widersprüche hervorrufen, die den Prozeßverlauf stören.

Wenn Prozeßinstruktionen *ohne konkrete Inhalte* gegeben werden, erhält der Klient nur die Anweisung: «... und nun betrachten Sie, wie die Situation sich verändert hat ...» Aus der Reaktion des Klienten kann der Berater erkennen, ob die angestrebte Aussöhnung (→ Versöhnungs-Physiologie) erreicht wurde oder ob Lösungen gefunden wurden (→ Ziel-Physiologie, → Moment-of-Excellence-Physiologie). Wird statt dessen die → Problem-Physiologie erkennbar, so weiß der Berater, daß weitere Prozeßinstruktionen notwendig sind, bevor er zum nächsten Schritt überleiten kann. *Inhaltsfrei* heißt hier, daß der Berater bei dieser Arbeit nicht zu wissen braucht, an welches Ereignis sich sein Klient erinnert, was bei ihm den Moment of Excellence auslöste etc. Er orientiert sich nur an den Rückmeldungen, die er erhält. Ein wesentlicher Vorteil dieser inhaltsfreien Arbeit liegt darin, daß der Berater nicht Gefahr läuft, in das Problem des Klienten involviert zu werden, und daher auch keine Ratschläge geben kann, die sich möglicherweise mit der Ökologie des Klienten nicht vertragen.

Unter Inkorporieren werden körpersprachliche Signale verstanden, die der Berater wahrnimmt und aufgreift, um sie dann verbal zurückzugeben, z. B. in Form von Metaphern, Sprichworten oder früher vom Klienten verwendeten Formulierungen. Wenn der Klient z. B. nach einer Prozeßinstruktion, sich eine Szene genau anzuschauen, nicht aufrecht und gerade sitzt, sondern sich deutlich zu einer Seite lehnt, kann der Berater dieses Signal aufnehmen. Er kann seinen Klienten z. B. auffordern, das Ganze erst einmal von einer anderen Seite zu betrachten. Die verbale Rückmeldung erleichtert es dem Klienten, die Informationen aufzunehmen und zu verarbeiten, ohne durch Interpretationen gestört zu werden.

Vor allem Rückmeldungen in Form von Metaphern oder gutgewählten Gleichnissen sind ein Angebot, das der Klient aufnehmen oder auch überhören kann, wenn es für ihn keinen Sinn ergibt. Der Berater fungiert hier gewissermaßen als ein Spiegel, durch den Signale der → Körpersprache auf die verbale Ebene gehoben und rückgemeldet werden. Das fördert nicht nur den Rapport zwischen Klient und Berater, sondern ermöglicht dem Klienten auch, weitere Alternativen zu erkennen und Varianten auszuprobieren.

Das Inkorporieren wird ähnlich wie die → Prozeßinstruktionen in der Beratung angewendet. Aber auch in der Kommunikation kann es kreative Impulse setzen. Es geht davon aus, daß über den Körper oft schon Kenntnisse aufgenommen und rückgemeldet wurden, die trotz der engen Korrespondenz zwischen Körper und Geist sprachlich noch nicht greifbar sind.

Kinesiologie

Muskeltest

Die Kinesiologie befaßt sich besonders mit den psychosomatischen Zusammenhängen und kommt damit dem ganzheitlichen Ansatz des NLP entgegen, der von einer Wechselwirkung zwischen Körper und Geist sowie einer Korrespondenz zwischen inneren Zuständen und erkennbaren Körperreaktionen und → Physiologien ausgeht. Die Kinesiologie beschäftigt sich mit körperlichen Befindlichkeiten und dem Energiefluß. Mit einem «Muskeltest» können Blockaden und Verspannungen erkannt werden. Dieser Test gibt Aufschluß über unbewußte Widerstände, die als körperliche Reaktionen – gleichsam unbewußt gesteuerte Antworten – sichtbar werden, oder verdeutlicht den Energiezustand und die Empfindungen des Betreffenden. Ein Anwendungsbeispiel für den «Muskeltest» besteht z. B. darin, daß die Testperson sich verschiedene Situationen vorstellt und dabei gleichzeitig den linken Arm in die Waagerechte hebt. Der «Tester» stellt dann durch entsprechenden Druck auf den Arm fest, wie stark der Widerstand ist. Im ressourcenvollen, energiereichen Zustand ist der Muskelwiderstand größer als bei deprimierenden oder belastenden Erlebnissen. Hat man sich vorher auf einen «normalen» Widerstand eingestellt, so kann nun rückgemeldet werden, ob das Erleben eher positive oder negative Energien freisetzt etc. Auch hier wird vorausgesetzt, daß die Antworten präsent sind und bereits über den Körper gegeben werden können, obwohl sie noch nicht bewußt sind und verbalisiert werden können.

Die Kinesiologie selbst geht über die im NLP verwandten Tests deutlich hinaus und bietet Hilfen, selbstverantwortlich den eigenen Energie- und Gesundheitszustand zu steuern. Durch das Auflösen von Energieblockaden unterstützt sie natürliche Heilverfahren und dient so der ganzheitlichen Gesundheit. In der NLP-Arbeit werden die Möglichkeiten, die die Kinesiologie bietet, zunehmend genutzt.

New Behavior Generator

Hierbei handelt es sich um ein mentales Training, bei dem kreativ neue Verhaltensformen (New Behavior) für eine Situation entwickelt (generiert) werden, die der Klient dann in sein Repertoire integriert. Das Verfahren kann im Wachzustand oder in Trance durchgeführt werden. Der Berater gibt dabei die entsprechenden → Prozeßinstruktionen für den Lernprozeß und orientiert sich an den → Physiologien des Klienten.

Ausgehend von dem unerwünschten Verhalten, wird dieses vom Klienten z. B. im inneren Dialog (auditiv) durchdacht und sodann ein neues Verhalten entwickelt. Zumeist wird das neue Verhalten zunächst in der entsprechenden Situation dissoziiert betrachtet (visuell) und anschließend assoziiert und gefühlsmäßig (kinästhetisch) überprüft. Die Positionen können mehrfach durchlaufen werden, bevor ein als kongruent empfundenes Verhalten entwickelt ist. Der Coach kennt dabei den sachlichen Inhalt nicht, so daß er nicht selbst mit seiner Sichtweise in das Thema einsteigt, sondern «nur» den Prozeß beobachtet und begleitet, um zu erkennen, ob entsprechende Ziel-, Ressourcen- oder Versöhnungs-Physiologien den erfolgreichen Abschluß eines jeden Schrittes anzeigen.

Phobie-Technik

Extreme Ängste vor bestimmten Dingen, Situationen oder Ereignissen werden als Phobien bezeichnet. Dazu gehören z. B. extreme Beklemmungen, zwanghafte Zustände oder Panik in Fahrstühlen und geschlossenen Räumen, hysterische Anfälle bei Mäusen und Spinnen oder ähnlich lähmende Überreaktionen. Für den Betreffenden besteht eine leidvolle Koppelung zwischen  äußeren Reizen und inneren Zuständen. Phobie-Techniken versuchen, dieses Reiz-Reaktions-Muster aufzulösen. Hierbei werden zusätzliche Ressourcen verfügbar gemacht, die zum Zeitpunkt des Entstehens der Phobien nicht zugänglich waren. Dies kann durch → Ankern oder andere Techniken der Veränderungsarbeit erfolgen, mit denen Fähigkeiten neu entwickelt oder aus anderen Zusammenhängen übertragen werden. In aller Regel sind Phobien als Schutzreaktionen bei besonders schwerwiegenden Erlebnissen entstanden, so daß, neben dem Entkoppeln der inneren und äußeren Reize, der Funktionssicherung im Rahmen des Öko-Checks entsprechende Bedeutung zukommt. Selbstverständlich muß auch hier der nachhaltige Erfolg durch einen entsprechenden → Future-Pace gesichert werden.

In der Phobie-Technik wird zunächst das phobische Verhalten als Reaktion gewürdigt, die bei ihrer Entstehung Schutz bieten sollte, also in der damaligen Zeit Schlimmeres zu verhüten schien. Im dissoziierten Zustand wird Verständnis für die entsprechende Situation entwickelt und anschließend ein Lernprozeß ausgelöst, der die phobische Reaktion künftig vermeidbar macht. Hierbei kann auch das → Six-Step-Reframing eingesetzt werden, insbesondere wenn sekundäre Verbindungen und Vernetzungen zu berücksichtigen sind.

Reanchoring-Couples und Reframing-Couples

Besonders die Beziehung zwischen Paaren kann durch → kalibrierende Schleifen, aus denen die Beteiligten von sich aus nicht mehr herausfinden, in hohem Maße gestört sein. Sie lösen gegenseitig beim anderen die → Problem-Physiologie aus, so daß ein Teufelskreis entsteht. Es gilt also, dieses wechselseitig wirkende Reiz-Reaktions-Muster aufzulösen. Dafür stehen zwei verschiedene Ansätze zur Verfügung:

■ **Reanchoring-Couples** – also das Neu-Ankern bei Paaren – setzt beim Empfänger eines Signals an. Für den auslösenden Moment der Problem-Physiologie wird eine neue Ressource geankert und somit eine konstruktivere Reaktion vorbereitet.

■ Bei **Reframing-Couples** wird das Reframing in der Paararbeit eingesetzt. Es konzentriert sich auf das Auslösen der kalibrierenden Schleife, setzt also beim Sender an.

In beiden Fällen muß der Berater einen guten → Rapport zu beiden Partnern aufbauen und aufrechterhalten, damit er sich während der Veränderungsarbeit zeitweilig intensiver einem Partner zuwenden kann.

Der Berater erkennt in der ersten Phase durch genaue Wahrnehmung die kalibrierende Schleife und identifiziert, an welcher Stelle er am konstruktivsten die Interaktion durch einen → Separator, z. B. eine Frage, unterbrechen will. Damit löst er zunächst bei einem Partner eine neue Verhaltensweise aus. Weil das bisherige Muster durchbrochen wurde, führt dies auch bei den anderen zur Veränderung. Damit ist der Weg zur Neubesinnung geöffnet. Einsatzbereiche ergeben sich in der Familientherapie, aber auch überall dort, wo z. B. im Beruf durch häufige Zusammenarbeit intensive Partnerschaften entstanden sind.

Schule des Wünschens

Die Schule des Wünschens ist eine grundlegende Methode zum kreativen Bearbeiten von Konflikten, sowohl bei Paaren und Familien als auch in Arbeitsgruppen und ähnlichen Teams. Zu Beginn stellt der Berater einen guten → Rapport zu allen Beteiligten her. Ausgehend vom Anliegen eines Partners, der als erster «wünschen darf» (der andere erhält in einem zweiten Durchgang die Gelegenheit dazu), wird der Wunsch so konkretisiert, daß er ein → wohlgeformtes Ziel bildet. Dadurch weiß auch der Partner genau, was er tun müßte, falls er diesen Wunsch erfüllen wollte. Häufig wird dabei auch der wünschenden Person erst richtig klar, was sie wirklich will; zuvor sind seine Wünsche oft zu Vorwürfen verunglückt. Der Berater kann auf das → PeneTRANCE-Modell zurückgreifen. Anschließend fungiert der Berater beim Verhandeln des konkretisierten Wunsches als ehrlicher Makler, um jenen die Form zu verleihen, die vom Partner akzeptiert wird. Das Verhandlungsergebnis kann auch in einem zeitlich begrenzten Versuch bestehen, soweit er von den Wünschenden – trotz eventueller Modifikationen und Bedingungen – immer noch als Ziel anerkannt und bejaht wird.

Ein besonderer Vorteil der Schule des Wünschens liegt darin, daß die Partner bewußt in den Prozeß miteinbezogen werden, so daß sie neben dem Beratungsergebnis zugleich die Kunst des Wünschens lernen. Sie werden dadurch in die Lage versetzt, auch in späteren Situationen Wünsche ökologisch sauber und konkret zu formulieren, um eine → Zwei-Gewinner-Lösung untereinander auszuhandeln.

Walt-Disney-Strategie

Dieses Vorgehen beruht auf der Erkenntnis, daß in den einzelnen Phasen der Kreativität, der kritischen Überprüfung und der Umsetzung unterschiedliche Ressourcen benötigt werden. Zur ersten Phase gehört z. B. Phantasie: die Bereitschaft zu ungewohnten Denkweisen. In der kritischen Phase geht es um das Bedenken möglicher Probleme und Unstimmigkeiten. In der dritten Phase steht die Umsetzung und Realisation im Vordergrund, das Gespür für das Machbare.

Das Problem besteht oft darin, daß sich in jeder Phase auch die anderen Teile melden. Ihre jeweils sinnvollen Anliegen behindern sich dann gegenseitig. Der wirkliche Erfolg wird möglich, wenn sich jeder der Bereiche verwirklichen kann und dennoch alle zusammenarbeiten. Hierzu bedarf es einer sinnvollen Strategie. Sie würdigt jedes Anliegen als eine für das Ganze notwendige Funktion. Zugleich beinhaltet die Vereinbarung, daß immer dann, wenn ein Teil an der Reihe ist, dies geschehen kann, ohne daß sich die beiden anderen einmischen. Sie wissen, daß auch ihre Zeit kommen wird. Die Auslösung des jeweiligen Teils mit den dazugehörenden Ressourcen erfolgt durch einen Anker.

Die Besonderheit der Walt-Disney-Strategie besteht darin, daß räumliche Anker eingesetzt werden. Von Walt Disney – einem extrem schöpferischen und genialen Menschen – wird berichtet, daß er sich für die drei Funktionen jeweils ein gesondertes Büro eingerichtet hatte. Er nutzte also den Umstand, daß die jeweilige Umgebung ihn darin unterstützen konnte, die gerade angestrebten Fähigkeiten auch zu entwickeln. Daher die Bezeichnung «Walt-Disney-Strategie». Als Technik wurde sie an dem Modell der besonders erfolgreichen und schöpferischen Tätigkeit Walt Disneys entwickelt.

Die drei kooperierenden Teile werden Träumer, Kritiker und Realist genannt.

Die meisten Menschen werden diesen Teilen nicht in

der Weise Raum geben können, daß sie ihnen gleich ein ganzes Zimmer einrichten. In der Beratungsarbeit werden statt dessen häufig drei verschiedene Stühle gewählt oder drei imaginäre (eventuell auch mit Kreide eingezeichnete) Kreise auf dem Fußboden verwendet. Der Wechsel des Standpunktes macht dann jeweils deutlich, welchem Teil die Aktivität zugestanden wird.

Diese Erkenntnisse können auch für die Selbstführung genutzt werden. Erforschen Sie, bei welchem Ambiente sich Ihr Träumer bzw. Kritiker oder Realist am besten entfalten kann. Schaffen Sie sich dann jeweils das Umfeld und die Symbolik, ein Ritual, mit dem Sie den entsprechenden Teil und seine Ressourcen aktivieren können. Der Träumer bewegt sich häufig im visuell-konstruktiven Bereich. Durch entsprechende → Augenmuster können Sie diese Visionen unterstützen. Entsprechendes gilt für den oft auditiv orientierten Kritiker, der hinterfragt und auf die Vorbehalte und Ermahnungen hört. Die oft kinästhetisch orientierte gefühlsmäßige Überprüfung des Machbaren, mit der Sie letzten Endes die Dinge in den Griff bekommen, läßt sich ebenfalls durch Augenmuster begleiten.

Traumhafte Konzeptionen, kritisch überprüft und mit Vorgehensweisen für ihre Realisierung verbunden, sind in der Lage, uns zu motivieren und unsere → Libido, unsere Lebensenergie, wirksam werden zu lassen.

Wir wünschen auch Ihnen, liebe Leserinnen und Leser, daß Sie phantasievoll und kreativ möglichst viele Vorstellungen entwickeln, wie Sie NLP in Ihr Leben integrieren können, daß Sie sie dann kritisch überprüfen und dort – wo Ihnen Zweifel kommen – entsprechend hinterfragen, um letztendlich das umzusetzen, was Ihr Leben noch erfolgreicher gestalten kann.

Bandler, Richard; Grinder, John: Kommunikation & Veränderung, 6. Aufl., Paderborn 1994.

Bandler, Richard; Grinder, John: Neue Wege der Kurzzeit-Therapie, 11. Aufl., Paderborn 1984.

Bandler, Richard; Grinder, John: Metasprache & Psychotherapie, 8. Aufl., Paderborn 1994.

Bandler, Richard; Grinder, John: Reframing. Ein ökologischer Ansatz in der Psychologie, 6. Aufl., Paderborn 1995.

Bandler, Richard; MacDonald, Will: Der feine Unterschied. NLP-Übungsbuch zu den Submodalitäten, 3. Aufl., Paderborn 1993.

Birker, Gabriele und Klaus: Bewußt leben mit dem Unbewußten, Speyer 1992.

Diamond, John: Der Körper lügt nicht, 12. Aufl., Freiburg 1995.

Dilts, Robert: Identität, Glaubenssysteme und Gesundheit. NLP-Veränderungsarbeit, 4. Aufl., Paderborn 1995.

Dilts, Robert: Die Veränderung von Glaubenssystemen, 2. Aufl., Paderborn 1994.

Kutschera, Gundl: Tanz zwischen Bewußt-sein & Unbewußt-sein. NLP-Arbeits- und Übungsbuch, 2. Aufl., Paderborn 1995.

Mohl, Alexa: Der Zauberlehrling. Das NLP-Lern- und Übungsbuch, 5. Aufl., Paderborn 1994.

Robbins, Anthony: Grenzenlose Energie, das Power-Prinzip, München 1993.

Rückerl, Thomas: NLP in Stichworten, Paderborn 1994.

Stahl, Thies: Neurolinguistisches Programmieren, 5. Aufl., Mannheim 1996.

Weiß, Josef, unter Mitarbeit von Isolde Kirchner: Selbst-Coaching, Paderborn 1990.

14 Register

werden können; im NLP sind es die Grundlagen für das systematische Verständnis der Methodik und der Vorgehensweise, die nicht als Dogma gelten, sondern von jedem Anwender vor dem Hintergrund seiner Erfahrungen auf ihre praktische Relevanz überprüft werden können.

frei empfunden werden; gilt auch als Ausdruck für
Ausgeglichenheit und Harmonie.

«nicht-ökologische Manipulation» genannt wird. Ausgehend von der Tatsache, daß wir nicht nicht manipulierend, d. h. beeinflussend wirken können, wird versucht, eine durch Bewußtheit und Respekt getragene, ökologische Manipulation zu verwirklichen.

Meditation – Trance-ähnliche, nach innen gerichtete Form des Nachsinnens, der Konzentration und der Betrachtung (Kontemplation), die zu neuen und tiefen Erkenntnissen führen kann. **158**

Meta-Programme – sind Grundmuster des unbewußten Wahrnehmungsfilters sowie der individuellen Orientierung und beeinflussen, wie Informationen organisiert und Schlußfolgerungen getroffen werden. **150 ff.**

Metapher – sprachlicher Ausdruck, bei dem Worte oder Aussagen als Bilder verwendet werden – oft auch in Form von Sinnsprüchen, Sinnbildern, Geschichten oder bildhaften Vorstellungen; ermöglicht die Übertragung in einen anderen Bedeutungszusammenhang und damit auch Problemlösungsansätze. **49 ff.**

Misch-Physiologie – Kombination zweier Physiologien, mit der unterschiedliche Ressourcen zusammengeführt werden können; gelegentlich weniger systemgerecht als Bezeichnung für «Mischform». **65**

Modeling – systematisierte Form zum Lernen am Modell; damit können z. B. gewünschte Verhaltensweisen entwickelt, von Vorbildern übernommen und zusätzliche Ressourcen integriert werden. **29 f.**

Moment of Excellence – bezeichnet einen besonderen energie- und ressourcenvollen Zustand (S. 68) sowie die Übung (S. 111 ff.), mit der dieser Zustand durch Auslöser (Anker) verfügbar gemacht werden kann. **68, 111 ff.**

einströmenden Reize; diese Selektion führt zu einer reduzierten (selektiven) Wahrnehmung und zu einem entsprechend subjektiven Weltbild (innere Landkarte).

Separator, Separator-State – plötzlicher Reiz, der das 70 f.
bisherige Wahrnehmungsmuster unterbricht und den Wechsel in einen anderen Zustand ermöglicht; die Besinnung auf das Hier-und-Jetzt sowie eine Trance können u. a. als Separator-State eingesetzt werden, also bewußt den Wechsel auslösen.

Siebente-Himmel-Physiologie – Zustand der vollkom- 67 f.
menen Wunscherfüllung; kann als vorweggenommene und phantasierte Wunscherfüllung auch zur Zielfindung eingesetzt werden, um die Magie der Wünsche zur Motivation zu nutzen.

Six-Step-Reframing – Interventionsmuster in sechs 129 ff.
Schritten zur Integration verschiedener Persönlichkeitsteile bei Problemlösungsprozessen auf der Metaebene.

Sprachverhalten – neben dem Augenmuster dient das 49 ff.
Sprachverhalten als Zugangshinweis darauf, in welcher Symbolik oder in welchem Repräsentationssystem gerade gedacht wird.

Strategien – Vorgehensweisen zur Zielerreichung; es 137 ff.
können Auslöser (Input), Bearbeitung (Zugriff auf Referenzerfahrungen) sowie Schlußfolgerung (Output) unterschieden werden; der Prozeßablauf ist durch Zugangshinweise (Augenmuster und Sprachverhalten) auch extern bei entsprechender Einstimmung erkennbar. Bei wenig erfolgreichen Strategien besteht die Möglichkeit des Umprogrammierens.

Wahl- und Entscheidungsfreiheit, die hilfreich ist, ein Dilemma oder festgefahrene Reiz-Reaktionsmuster aufzulösen.

Die praktische Psychologie ist traditionell ein Schwerpunkt im Sachbuch bei *rororo*. Praxisorientierte Ratgeber leisten Hilfestellung bei privaten und beruflichen Problemen.

Kuni Becker
Die perfekte Frau und ihr Geheimnis *Eß- und Brechsucht: Hilfen für Betroffene und Angehörige*
(rororo sachbuch 9576)

Annette Bopp /
Sigrid Nolte-Schefold
StiefKinder – RabenEltern – RabenKinder – StiefEltern
Leben in einer Patchworkfamilie: Probleme erkennen, Perspektiven gewinnen
(rororo sachbuch 60541)

J. Frances Casey / L. Wilson
Ich bin viele *Eine ungewöhnliche Heilungsgeschichte*
(rororo sachbuch 19566)

Gerd Hennenhofer /
Klaus D. Heil
Angst überwinden *Selbstbefreiung durch Verhaltenstherapie*
(rororo sachbuch 60231)

Eleonore Höfner /
Hans-Ulrich Schachtner
Das wäre doch gelacht! *Humor und Provokation in der Therapie*
(rororo sachbuch 60231)

Eva Jaeggi
Zu heilen die zerstoßnen Herzen
Die Hauptrichtungen der Psychotherapie und ihre Menschenbilder
(rororo sachbuch 60352)

Spencer Johnson
Ja oder Nein. Der Weg zur besten Entscheidung *Wie wir Intuition und Verstand richtig nutzen*
(rororo sachbuch 19906)

Ursula Lambrou
Helfen oder aufgeben? *Ein Ratgeber für Angehörige von Alkoholikern*
(rororo sachbuch 19955)

Frank Naumann
Miteinander streiten *Die Kunst der fairen Auseinandersetzung*
(rororo sachbuch 19795)

Ann Weiser Cornell
Focusing – Der Stimme des Körpers folgen *Anleitungen und Übungen zur Selbsterfahrung*
(rororo sachbuch 60353)

Weitere Informationen in der **Rowohlt Revue**, kostenlos im Buchhandel, oder im **Internet:** www.rororo.de

Nathaniel Branden
Ich liebe mich auch *Selbstver-trauen lernen*
(rororo sachbuch 18486)

Wayne W. Dyer
Mut zum Glück *So über-winden Sie Ihre inneren Grenzen*
(rororo sachbuch 60230)
Der wunde Punkt *Die Kunst, nicht unglücklich zu sein. Zwölf Schritte zur Über-windung unserer seelischen Problemzonen*
(rororo sachbuch 17384)

Daniel Hell
Welchen Sinn macht Depression?
Ein integrativer Ansatz
(rororo sachbuch 19649)

Klaus Kaufmann-Mall /
Gudrun Mall
Wege aus der Depression *Hilfe zur Selbsthilfe*
(rororo sachbuch 60232)

Peter Lauster
Lassen Sie der Seele Flügel wachsen *Wege aus der Lebensangst*
(rororo sachbuch 17361)

Karin Mager
Bevor Sie aus der Haut fahren *Wie Sie fair und selbst-bewußt Konflikte meistern*
(rororo sachbuch 60744)

Robin Norwood
Warum gerade ich? *Ein Ratgeber für die schwierig-sten Situationen des Lebens*
(rororo sachbuch 60126)

Tim Rohrmann
Junge, Junge – Mann, o Mann *Die Entwicklung zur Männlichkeit*
(rororo sachbuch 19671)

Geneen Roth
Essen als Ersatz *Wie man den Teufelskreis durchbricht*
(rororo sachbuch 18493)

Edward Shorter
Von der Seele in den Körper *Die kulturellen Ursprünge psychosomatischer Erkrankungen*
(rororo sachbuch 60701)

Sigrid Steinbrecher
Die Vaterfalle *Die Macht der Väter über die Gefühle der Töchter*
(rororo sachbuch 60739)

David Weeks / Jamie James
Exzentriker *Über das Vergnügen, anders zu sein*
(rororo sachbuch 60549)

Jürg Willi
Ko-Evolution *Die Kunst gemeinsamen Wachsens*
(rororo sachbuch 18536)

Weitere Informationen in der
Rowohlt Revue, kostenlos im
Buchhandel, oder im
Internet: **www.rororo.de**